Monique Guse

Bilanzierung nach Handelsrecht, Steuerrecht und IFRS

Bachelor + Master
Publishing

Guse, Monique: Bilanzierung nach Handelsrecht, Steuerrecht und IFRS, Hamburg, Diplomica Verlag GmbH 2012

Originaltitel der Abschlussarbeit: Bilanzierung nach Handelsrecht, Steuerrecht und IFRS

ISBN: 978-3-86341-334-7
Druck: Bachelor + Master Publishing, ein Imprint der Diplomica® Verlag GmbH, Hamburg, 2012
Zugl. Hochschule für Wirtschaft und Recht Berlin, Berlin, Deutschland, Diplomarbeit, März 2012

Bibliografische Information der Deutschen Nationalbibliothek:
Die Deutsche Nationalbibliothek verzeichnet diese Publikation in der Deutschen Nationalbibliografie; detaillierte bibliografische Daten sind im Internet über http://dnb.d-nb.de abrufbar.

Die digitale Ausgabe (eBook-Ausgabe) dieses Titels trägt die ISBN 978-3-86341-834-2 und kann über den Handel oder den Verlag bezogen werden.

Inhaltsverzeichnis

Abbildungsverzeichnis

Abkürzungsverzeichnis

AK	Anschaffungskosten
Avers	Altersvorsorgeversicherung
BGB	Bürgerliches Gesetzbuch
C2C-M	Cost-to-cost-Methode
CC-M	Completed of contract- Methode
D.H.	Das heißt
EStG	Einkommensteuergesetz
FASB	Financial Accounting-Standards Board
ff.	fort folgend
FK	Fremdkapital
L.u L.	Lieferung und Leistung
FSG	Fertigstellungsgrad
G u V	Gewinn und Verlustrechnung
H.R	Handelsrecht
HK	Herstellungskosten
IAS	International Accounting Standards
IASB	International Accounting Stand Board
IFRS	International Accounting Financial Standards
m.E.	Meines Erachtens
Poc-M	Percentage of Copmletion-Methode
Rk.	Rahmenkonzept
SEF	Sondereinzelkosten der Fertigung
SEV	Sondereinzelkosten des Vertriebes
StR	Steuerrecht
VG	Vermögensgegenstand
ZPM	Zero-Profit-Margin-Methode

1. Einleitung

1.1 Problemstellung und Bestreben der Arbeit

Bedingt durch eine sich ausweitende Globalisierung der Kapital- und Gütermärkte ist es zunehmend auch für deutsche Unternehmen wichtig, sich mit der internationalen Rechnungslegung, dem IAS/ IFRS[1], auseinander zu setzen. Vor diesem Hintergrund reicht die nationale Rechnungslegung nach Handelsrecht (HGB) und Steuerrecht ganz besonders nicht mehr für exportierende Unternehmen aus, um sich mit anderen Unternehmen der gleichen Branche weltweit zu vergleichen und internationale Investoren zu finden. Der Gang von Daimler Benz an die New Yorker Börse im Jahr 1993, auch wenn sie dort nach US-GAAP bilanzierten, war ein einschneidender Zeitpunkt im Hinblick auf die Notwendigkeit die internationale Rechnungslegung weiter voran zu treiben.[2]

In der vorliegenden Arbeit betrachten wir die Bilanzierung der langfristigen Fertigungsaufträge nach Handelsrecht, Steuerrecht und internationaler Rechnungslegung, um zu erörtern, welche unterschiedlichen Ergebnisse sich auf Grundlage der einzelnen Rechnungslegungsvorschriften ergeben und inwieweit der Gesetzgeber mit Einführung des letzten BilMog vom 2009 zur Harmonisierung der EU-Normen beitrug.

Während das IFRS mit dem IAS 11 die langfristige Fertigung genau definiert und festlegt, sind im deutschen HGB keine exakte Definition zu finden und die langfristige Fertigung muss daher ausschließlich über das Realisationsprinzip gemäß § 252 Abs. 1 Nr.4 HGB gelöst werden. Das Steuerrecht folgt in diesem Fall dem Handelsrecht.

Nachfolgend betrachte ich eine spezielle Branche, die in den letzten Jahren an den internationalen Kapitalmärkten stark an Zuwachs gewonnen hat, den deutschen Maschinen- und Anlagenbau. Wir wählen hier den Schwerpunkt der langfristigen Fertigung, auch Auftragsfertigung genannt. Hierbei handelt es sich besonders um Projekte wie Brücken-, Straßen- oder Tunnelbau, Flugzeugbau, Bau von Staudämmen oder Bau von Schiffen. Die

---

1 Das IASB hat im Jahr 2001 beschlossen zukünftige neue Standards als IFRS zu bezeichnen. Sie bleiben so lange noch als IAS stehen, bis das IASB sie überarbeitet hat. Aus diesem Grund tauchen beide Bezeichnungen in dieser Arbeit auf

[2] Vgl. Füllbier, R,U., Kuschel, P., Maier, F.(2010), BilMog, Internationalisierung des HGB und Auswirkungen auf das Controlling, Advanced Controlling, Band 72

Besonderheit hierbei ist, dass sich diese Projekte meist über einen längeren Erstellungszeitraum hinziehen und damit nicht mit dem Rhythmus der Erstellung des Jahresabschlusses übereinstimmen. Das wirft die Frage auf, wie solche Projekte, wenn sie noch nicht fertiggestellt sind, in Deutschland bilanziell zu behandeln sind und besonders in welchen Bilanzzeitraum beziehungsweise in welche Bilanzperiode sie abrechnungstechnisch einzuordnen sind.

In dem hier benannten Fallbeispiel handelt es sich um ein Einzelunternehmen in Form einer Gesellschaft (die Gebirgsbau GmbH). Das Unternehmen möchte zum Zweck der Offenlegung einen Einzeljahresabschluss unter anderem nach IAS/IFRS erstellen. Rein zu Informationszwecken gestattet es der Gesetzgeber auch nicht börsennotierten Unternehmen einen Einzelabschluss nach IFRS zu erstellen.[3] Jedoch tritt hier keine befreiende Wirkung für die Erstellung des Jahresabschlusses nach H.R. oder Steuerrecht ein.

Daher ist die Zielsetzung dieser Arbeit, die Darstellung der Auftragsfertigung in Form der unterschiedlichen Bilanzansätze darzustellen und zu vergleichen.

1.2 Gang der Untersuchung

Ich möchte nun in Kapitel 2 die grundlegenden charakteristischen Merkmale der langfristigen Auftragsfertigung erläutern, ebenso welche Risiken diese birgt und welche vertraglichen Bestandteile und Preisgestaltungen ihr obliegen.

In Kapitel 3 wird die Bilanzierung der langfristigen Auftragsfertigung nach Handelsrecht betrachtet sowie die Zielsetzung des Jahresabschlusses nach H.R. und deren zulässiger Bilanzansatz. Darüber hinaus wird ermittelt, wann ein Gewinn als realisiert gilt und welche zulässige Methode nach dem H.R. angewendet werden darf.

In Kapitel 4 zeige ich auf, welche Zielsetzung der Jahresabschluss aus steuerlicher Sicht hat und welcher hier der zulässige Bilanzansatz ist. Neben der Ermittlung wann im Steuerrecht ein Gewinn als realisiert gilt, wird auch die hierfür zulässige Methode aufgezeigt.

---

[3] Vgl. § 325 Abs. 2a i.V. mit Abs.2b HGB

Kapitel 5 beschäftigt sich mit der Zielsetzung des Jahresabschlusses nach IAS/IFRS und dem zulässigen Bilanzansatz. Auch wird ermittelt wann eine Gewinnrealisierung als zulässig gilt und nach welcher Methode die langfristige Auftragsfertigung angesetzt werden darf.

Anschließend folgt in Kapitel 6 die unterschiedliche Darstellung nach H.R., Steuerrecht und IFRS an Hand eines identischen Beispiels, um ihre unterschiedlichen Folgen aufzuzeigen.

Kapitel 7 schließt die Arbeit mit einem Resümee und Fazit ab.

2. Kennzeichen der langfristigen Fertigungsaufträge

2.1 Begriffserklärung und Kennzeichen der langfristigen Fertigungsaufträge

Wie bereits in der Problemstellung in Kapitel 1.2 beschrieben wurde, betrifft das Spektrum der langfristigen Auftragsfertigung besonders den Anlagenbau, Maschinenbau, Schiffsbau oder Kraftwerkbau, Hochbau, Tiefbau und Flugzeugbau.[4] Hier trifft man auf Großprojekte, deren Umsetzung sich oft über mehrere Geschäftsjahre hinzieht. Es geht hier nicht rein um einen Herstellungsprozess, sondern vielmehr um eine gesamte Wertschöpfungskette, die bei der Erbauung einer Anlage notwendig ist. Das Anlagengeschäft unterscheidet sich vom Serien- oder Produktgeschäft insbesondere durch seine Langfristigkeit, Risikoträchtigkeit und Komplexität.[5] Es lässt sich feststellen, dass in der Literatur einige Autoren einen Fertigungsauftrag als langfristig einstufen, dessen Herstellungsprozess sich über mehrere Jahre hinzieht[6] und andere, welche darunter einen Herstellungszeitraum von 6 Monaten verstehen.[7] In der vorliegenden Arbeit beschäftige ich mich mit der langfristiger Auftragsfertigung, die über wenigstens 2 Bilanzperioden andauert, womit der Beginn als auch das Ende der Leistungserbringung in unterschiedliche Geschäftsperioden fallen.[8] Es lässt sich weder im deutschen Handelsrecht noch im Steuerrecht eine explizite Regelung zu den langfristigen Fertigungsaufträgen finden. Deshalb sind die langfristigen Fertigungsaufträge nur über das Realisationsprinzip und das Vorsichtsprinzip des § 252 HGB zu lösen[9] (siehe auch Kapitel 3 und 4). Dagegen definiert die IAS 11 ganz deutlich die langfristige Fertigung im IAS 11.3.[10] Hiernach ist ein langfristiger Fertigungsauftrag ein spezieller Vertrag, bei dem besonders eine kundenspezifische Auftragsfertigung vorliegt, die im Hinblick auf Funktion, Technologie oder Design entweder aufeinander abgestimmt ist oder total unabhängig voneinander.[11] IAS 11.4 regelt die Anwendungsfälle, die zur langfristigen Auftragsfertigung gehören und bei denen es sich um einen Vertrag mit kundenspezifischer

---

[4] Vgl. Kohl, St., Gewinnrealisierung bei langfristigen Aufträgen, Düsseldorf 1994, S.48

[5] Mansch, H,, langfristige Fertigung in Ballwieser/ Coenenberg, Handwörterbuch der Rechnungslegung und Prüfung, Stuttgart 2002, S.1447

[6] Vgl. Schindler, J. Die Probleme bei langfristiger Fertigung nach derzeitigen und zukünftigen Handelsrecht, Der Betriebs-Berater, 39. Jg. (1984), S.574; Döll, B. Bilanzierung langfristiger Fertigung: Eine theoretische und empirische Untersuchung aktienrechtlicher Rechnungslegung, Frankfurt am Main 1984, S.7f.

[7] Vgl. Möckelmann, K., Kalkulation und Preisbildung bei langfristiger Fertigung, Berlin 1970, S.10; Mellerowicz, K., Kosten und Kostenrechnung, 5. Auflage, Berlin 1980, S.322

[8] Vgl. Kohl, St., (1994), S.50

[9] Vgl. Coenenberg, A.G., Haller, A. und Schulte, W., Jahresabschluss und Jahresabschlussanalyse, 21.Auflage, Stuttgart 2009, S.229

[10] Vgl. IAS 11.3

[11] ebenda

Fertigung im Gegensatz zur industriellen Serienfertigung handelt. [12] Beispiele für einzelne Gegenstände sind Schiffe, Brücken, Tunnel oder Staudämme. [13] Als Beispiele für komplexe Industrieanlagen sind Kraftwerke oder Raffinerien zu nennen. [14]

Ein Merkmal der langfristigen Auftragsfertigung ist die hohe Komplexität, die solche Projekte mit sich bringen und daher nur langfristig/mehrjährig durchführbar sind. [15] Da der Phasenablauf in der langfristigen Fertigung umgekehrt zur normalen Produktion und zum Absatz verläuft, kann mit der Herstellung/Fertigung erst dann angefangen werden, wenn die Verträge abgeschlossen wurden und damit die Gefahr des Absatzrisikos beseitigt wurde. Das setzt wiederum eine lange Angebots- und Akquisitionsphase voraus.

---

[12] Vgl. Achleitner, A-K, Behr, G, (2003), S.174
[13] Pellens, B., Füllbier. R.U., Gassen, J, Selhorn, T., Internationale Rechnungslegung, Stuttgart 2008, S. 386
[14] Langfristige Dienstleistungsaufträge und Rekultivierungsaufträge oder Abbruchaufträge sind nicht Gegenstand dieser Arbeit
[15] Vgl. Kohl, St., (1994), S.52

A K Q U I S I T I O N	**Phase der Auftragserlangung**
	Phasen der Vorakquisition durch den (potentiellen Auftragnehmer - Durch regelmäßigen Kundenkontakt Kenntnisnahme von Bauabsicht - Präsentation des Unternehmens bei Kunden - Ökonomisch-technische Wirtschaftlichkeitsberechnungen und Marktanaly-sen im Rahmen von Machbarkeitsstudien („feasibility studies") - Ökonomisch-technische Wirtschaftlichkeitsberechnungen und Marktanaly-sen im Rahmen von Machbarkeitsstudien („feasibility studies") - Vorklärung des Finanzierungskonzepts -Planung und Vorabfixierung quantitativer und qualitativer Zieldaten im Rahmen des sog. „front end/conceputal engineering" - Absprachen zur Aufgabenteilung im Rahmen von Anbieterkoalitionen (z.B. Konsortialabsprachen) - Projektfestlegung in Anbieterkoalitionen - Aufforderung des Kunden zur Angebotsabgabe an ausgewählte Unterneh-men im Rahmen des sog. „prequalification" -Angebotsphase - Konzeption des Preisangebotes mit Unterbreitung eines Finanzierungkon-zeptes im Rahmen des sog. „Financial engineering" - Annahme des Vertragsangebotes durch ein sog. „Letter of Intent"

R E A L I S A T I O N	**Vertragsphase**
	- Vertragliche Festlegung der Absprachen in Anbieterkoalition - Abschluss des Kundenvertrags
	Abwicklungsphase
	- Organisation-, Termin- und Personalplanung unter anderem durch Einsatz der Netzplantechnik -Verfahrenstechnische Systemfestlegung im Rahmen des sog. „process-„ und „basicengineering" - Konkretisierung der verfahrenstechnischen Systemfestlegung im Rahmen des sog. Detail engineering" - Einkauf bei Zulieferern - Bau und Montage einschließlich der Projektkontrolle - Durchführung von Testläufen - Schulung und Ausbildung des Betriebspersonals - Probebetrieb und Optimierung der Anlagenleistung - Inbetriebnahme der Anlage - Abnahme durch den Kunden
	Garantiephase

Abbildung 1:Besonderheiten der langfristigen Auftragsfertigung
Quelle: in Anlehnung an Kohl, St., (1994), S. 53

Die Akquisitionsphase ist die wichtigste und schwierigste Phase, da nur durch regelmäßigen Kundenkontakt solche Projekte bekannt und vergeben werden. Danach erfolgen eine Systemanalyse und die Projektkonzeption, auf deren Grundlage ein Angebot erstellt werden kann. Mit der Vertragsphase beginnt langsam die Realisation des Projektes. Hier werden vertragliche Festlegungen getroffen und bei Übereinstimmung kommt es zum Abschluss des Vertrages. Nun folgt die Phase der Abwicklung. Dazu zählen unter anderem Einkauf, Bau, Fertigung, Montage, Schulungen, Probeläufe, Inbetriebnahme und Übergabe des Projektes an den Kunden sowie die Garantiephase für den Auftraggeber.[16]

Als ein weiteres Merkmal der langfristigen Auftragsfertigung ist die besondere Bedeutung für den Auftragnehmer/ Auftraggeber zu nennen. Es handelt sich hier oft um Aufträge in Millionenhöhe, die einen hohen Liquiditäts- bzw. Kapitalbedarf für den Auftragnehmer erfordern[17] und somit die Fertigungsaufträge einen großen Anteil des Gesamtumsatzes für ein Unternehmen ausmachen.[18]

2.2   Risiken der langfristigen Fertigungsaufträge

Bedingt durch eine lange Abwicklungsdauer sowie einer hohen Komplexitätsanforderung sind die Aufträge der langfristigen Fertigung im Vergleich zur der Fertigung ohne Auftrag mit einem größeren Risiko behaftet.[19] Die Risiken ergeben sich hierbei besonders durch das Erfüllungs- oder Leistungsrisiko, das Kostenrisikos, das Zahlungsrisiko und das Abnahmerisiko.[20] Darüber hinaus macht ein solcher Auftrag einen entscheidenden Anteil des Gesamtumsatzes aus und bindet somit auch die Kapazitäten des Unternehmens. Auf Grund der spezifischen Fertigung eines solchen Projektes kann der Auftragnehmer das Projekt nicht anderweitig verkaufen und ist so vom Auftraggeber betreffend der Zahlungen und der Abnahme abhängig.[21]

Unter dem Kostenartenrisiko „sind Unsicherheiten bezüglich der für die Auftragsabwicklung erforderlichen Verrichtungen und daraus resultierenden Kosten gemeint."[22] Im Gegensatz zur Produktion ohne Auftrag lassen sich die Kosten, die durch den hohen

---

[16] ebenda, S.53
[17] Vgl. Mansch(2002), S. 1447
[18] Vgl. Buhleier, C., Harmonisierung der Rechnungslegung bei langfristiger Auftragsfertigung, Wien, 1977, S.32
[19] Vgl. Selchert, F. Lorcheim,, U. Teilgewinnrealisierung bei Auftragsfertigung, Oldenburg, 1998, S. 8
[20] ebenda, S.8
[21] Vgl. Achleiter, A.-K., Behr, G., International Accounting Standards, 3. Auflage,München 2003, S.174
[22] Vgl. Selchert, F., Lorcheim, U., (1997), S.9

Neuigkeitsgrad entstanden sind, nicht durch den jeweiligen Leistungsprozess ermitteln und damit zuordnen. Das Risiko bezüglich der Kostenhöhe meint die mögliche Höhe der Kosten, die allein durch die Fertigung entstehen, z.B. in Form von Preissteigerungen oder eine Erhöhung des Mengenverbrauchs.[23] Bei der Planung einer langfristigen Fertigung, aber auch wenn der Auftrag abgewickelt wird, können Kostenrisiken entstehen. Bedingt durch viele neue Verrichtungen ist die Planung einer solchen langfristigen Fertigung besonders erschwert und damit die Bestimmung der Kostenarten und die Kostenhöhe sowie dadurch, dass es sich um einen Zeitraum handelt, der oft mehrere Geschäftsjahre bis zur Fertigstellung umfasst. Es besteht auch die Gefahr, dass im Falle von steigenden Kosten diese nur ungenügend oder nicht an die Fertigung angepasst werden können.

Das Erfüllungs- und Leistungsrisiko bedeutet für den Auftragnehmer, dass er verpflichtet ist, das Projekt/Werk so zu erstellen, dass es keine Fehler hat und die zuvor zugesicherten Merkmale/Eigenschaften besitzt. Hierbei besteht die Gefahr, dass er die zugesicherten Funktionen oder Leistungsmerkmale nicht erfüllen kann. Darüber hinaus ist auch eine Funktionsbeschreibung zu erstellen und der Liefertermin festzulegen. Eine Nicht-Einhaltung des Vertrages birgt die Gefahr, dass der Auftragnehmer mit Konventionalstrafen, Kaufpreisminderungen oder Nachbesserungsansprüchen belegt werden kann.[24] Im schlimmsten Fall schafft der Auftragnehmer es gar nicht den Vertrag zu erfüllen oder nur erheblich später als zum vereinbarte Liefertermin, sodass der Auftraggeber auch vom Vertrag zurück treten kann.[25]
Auf die vertragsspezifischen Regelungen gehe ich unter Punkt 2.3 ein

Neben den erwähnten Risiken besteht für den Auftragnehmer darüber hinaus das Risiko, dass der Auftraggeber das Projekt nicht frist- und ordnungsgemäß abnimmt. Mögliche Gründe können Zahlungsschwierigkeiten oder der Konkurs des Auftragsgebers sein. Daneben können, gerade im Zusammenhang mit Auslandsgeschäften unter anderen Handelsembargos oder durch Währungsschwankungen, Zinsänderungen und Finanzierungsrisiken auftreten.[26]

---

[23] ebenda
[24] ebenda, S. 11
[25] Vgl. § 634 Abs.1-4 BGB
[26] Vgl. Achleitner, A-K., Behr, G., (2003), S. 175

2.3 Vertragsaspekte und Preisklauseln bei langfristiger Auftragsfertigung

Wie anhand der Risiken erkennbar ist, ist die genaue Festlegung der vertraglichen Vereinbarungen von enormer Bedeutung für den Auftragnehmer und den Auftraggeber, entscheiden sie doch über Erfolg oder Misserfolg eines Projektes und mögliche Konsequenzen. Die langfristige Auftragsfertigung wird im deutschen Rechtssystem unter Werkverträge gemäß § 631 BGB subsumiert.[27] Das bedeutet, dass der Auftragnehmer einen Erfolg schuldet und nicht nur ein bloßes „Tätig werden" des Auftragnehmers auseichend ist.[28] Seit der Reform des BGB vom 01.01.2002 steht ein Werkvertrag nun immer an der Grenze zwischen den Anwendungsvorschriften des Kaufvertrages und den Anwendungsvorschriften des Werkvertrages.[29] Ist nun der Werkvertrag auf die Erzeugung oder Herstellung von beweglichen Sachen ausgerichtet, dann greifen die Regelungen des § 651 S.1 BGB, d.h. die Vorschriften des Kaufvertrages kommen zur Anwendung. Allerdings spielt es nun keine Rolle mehr, wer die Stoffe, aus dem die Sache hergestellt werden soll, bereitstellt (Auftraggeber oder Auftragnehmer). Zusammenfassend lässt sich feststellen, dass das Werkvertragsrecht auf folgende Situationen zutrifft:

- unkörperliche Gegenstände, also Verträge deren Herstellung keine Sachen betreffen sondern z.B. künstlerische Leistungen beinhalten oder die Erstellung von Gutachten oder Planungsleistungen
- der Bau eines Gebäudes kann unter das Werkvertragsrecht fallen
- reine Reparaturverträge[30]

Die Unterscheidung ist deshalb so wichtig, weil danach die Umsatzrealisation bestimmt wird und damit die Zurechenbarkeit auf die jeweilige Bilanzperiode.

Es lässt sich feststellen, dass nicht nur die Vertragsgestaltung besonders sorgfältig getroffen werden muss, sondern darüber hinaus nehmen auch die Preisgestaltungsklauseln eine besondere Rolle einnehmen. So findet man häufig zwei Arten von Verträgen vor. Zum einen gibt es einen Festpreisauftrag, d.h. es wird entweder ein fester Preis für den gesamten Fertigungsauftrag gezahlt oder es gibt Abschläge pro fertiggestellte Einheit. Daneben gibt es den sogenannten Cost-plus-Vertrag (Kostenzuschlagsvertrag). Hier werden abrechenbare Kosten oder anderweitig determinierte Kosten in Verbindung mit einem prozentualen

---

[27] Vgl. Pilhofer, J.Umsatz- und Gewinnrealisierung im internationalen Vergleich, Herne/ Berlin 2002, S. 188
[28] Wie bereits unter 2.2 erwähnt: Erfüllungs-und Leistungsrisikos; Vgl. Kropholler, von J., Studienkommentar BGB, Beck München 2004, S. 429
[29] Vgl. Meyer, J., Wirtschaftsprivatrecht, Springer Berlin 2003, S. 114
[30] Vgl. Pilhofer,J., (2002), S. 189

Anteil an den Auftragnehmer vergütet.[31] Es sind aber auch Varianten oder Kombinationen dieser Vertragstypen möglich. So wird bei den Festpreisverträgen oft eine sogenannte Kostenüberschreitungsklausel ausgemacht (cost.escalation clause).[32] Das bedeutet für den Auftragnehmer, dass er in einigen Fällen die höheren Kosten an den Vertragspreis anpassen kann.

Damit die Auftragserlöse, die Auftragskosten und der Fertigstellungsgrad des jeweiligen Fertigungsauftrages verlässlich geschätzt werden können, ist die Unterscheidung der Vertragstypen von besonderer Bedeutung.[33]

---

[31] Vgl. Achleitner, A.-K., Behr, G., (2003), S.174; Pellens,B., Füllbier, R-U.,Gassen,J. Selhorn, T.,(2008), S. 386
[32] Vgl. Achleitner, A.-K., Behr, G., (2008), S. 174
[33] Vgl. Pellens, B., Füllbier,R-U., Gassen, J., Selhorn, T., (2008), S. 386

3. Bilanzierung der langfristigen Auftragsfertigung nach Handelsrecht

3.1 Zielfunktion des Jahresabschlusses nach H.R. und die Bedeutung für die Bilanzierung der langfristigen Fertigungsaufträge

Während im deutschen Handelsrecht Regelungen zur Buchführung und Bilanzierung zu finden sind, lässt sich dort aber kein expliziter Zweck finden, warum die Bilanz eigentlich aufzustellen ist. Es gibt zwar Begründungen zu den jeweiligen handelsrechtlichen Gesetzesentwürfen, warum eine Änderung von Bilanzierungsvorschriften beschlossen worden ist, aber das „grundlegende Ziel oder Zielsystem"[34] ist nicht erkennbar und somit aus den vorliegenden Rechnungslegungsvorschriften nicht logisch ableitbar. Auch die Zirkeldefinition des § 264 Abs. 2 HGB, nach dem der Jahresabschluss einer Kapitalgesellschaft unter der Berücksichtigung der GoB ein den tatsächlichen Verhältnissen entsprechendes Bild der Vermögens-, Finanz- und Ertragslage vermitteln soll[35], kann nicht befriedigend zur Lösung des Zielproblems beitragen. Mit Hilfe des Bilanzkommentars kann allerdings festgestellt werden, dass die Handelsbilanz die grundlegenden Aufgaben der Gewinnermittlungs-, die Ausschüttungsbemessung-, Informations-, sowie den Gläubigerschutz- und Rechenschaftsfunktion hat.[36]. Auch nach der BilMog-Reform steht der Gläubigerschutz weiter im Vordergrund, da sie doch als erste Adressaten des Jahresabschlusses genannt werden[37]. Schwerpunkt der BilMog-Reform war, dass eine Stärkung in der Informationsfunktion des handelsrechtlichen Jahresabschlusses erreicht wird.[38] Daher ist ersichtlich, dass die Hauptaufgabe des Jahresabschlusses in der Dokumentation des Unternehmensgeschehens liegt und so Informationen für die verschiedenen Adressaten bereitstellt.[39] Als Adressaten des handelsrechtlichen Jahresabschlusses sind neben Eigentümer und Gläubiger die Geschäftsführung zu nennen sowie die Mitarbeiter, Kunden, Lieferanten und auch Konkurrenten.[40] Durch die verschiedenen Adressaten kommt es zum Interessenkonflikt was die Bilanzaufstellung anbelangt, die nur durch ein „fundamentiertes und objektiviertes

---

[34] Vgl. Coenenberg, A.G., (2005), S.12, (2009), S.16
[35] Vgl. § 264 Abs. 2 HGB
[36] Vgl. Beck´scher Bilanzkommentar Handelsbilanz, Steuerbilanz, München 2012, S. 773
[37] Vgl. ebenda, S. 774
[38] Vgl. Füllbier, R. U., Kuschel, P., Maier, F, (2010), S. 37
[39] Vgl. Coenberg, A.G,(2005), S. 14
[40] Vgl. Sicherer, v. K., Bilanzierung im Handels- und Steuerrecht, Wiesbaden 2011, S. 11

Instrumentarium"[41] geregelt werden kann, welches der Gesetzgeber mit der Einführung des § 264.Abs. 2 HGB löste. Zum anderen dient der Jahresabschluss der Gewinnermittlung und ist somit über das Maßgeblichkeitsprinzip des § 5 Abs. 1 Satz1 EStG die Grundlage zur Ermittlung der Steuer[42].

Die Bilanzierung der langfristigen Fertigungsaufträge ist also nur über das Realisationsprinzip des § 252 Abs. 1 Nr.4 HGB lösbar. Das bedeutet, dass Gewinne erst zu berücksichtigen sind, wenn sie realisiert wurden. Bei der langfristigen Fertigung werden sie aber erst realisiert, wenn das Werk vom Auftraggeber i. d. R. vollständig abgenommen wurde.[43] Das bedeutet, dass aufgrund der hohen Betonung des Vorsichtsgedanken und des Gläubigerschutzes für die Bilanzierung der langfristigen Auftragsfertigung nur die Completed-Contract-Methode anwendbar ist. Auf die Möglichkeit der Teilgewinnrealisierung und ob die Percentage-of-Completion-Methode anwendbar ist, gehe ich unter Punkt 3.3.2 dieser Arbeit ein.

3.2   Bilanzansatz der langfristigen Fertigungsaufträge nach H.R.

Während der Herstellungsphase werden die langfristigen Fertigungsaufträge als sogenanntes „schwebendes Geschäft" aufgefasst. Ein schwebendes Geschäft meint, dass die gegenseitige Verpflichtung, die aus einem zweiseitigen Vertrag entsteht, noch nicht vom Leistungs-verpflichteten erfüllt worden ist.[44] Da die Leistungspflicht vom Auftragnehmer noch nicht erfüllt worden ist, wird auch noch kein Gewinn realisiert und darf gemäß des Realisierungsgebotes des § 252 Abs.1 Nr.4 HGB dann auch nicht bilanziell angesetzt werden. Wird mit der Herstellung des Werkes begonnen, so sind die anfallenden Aufwendungen der Ver- oder Bearbeitung zu aktivieren, sofern sie aktiviert werden dürfen.

---

[41] ebenda
[42] Vgl. Selchert, F.W., Lorchheim, U., (1998), S. 89;Füllbier, R. U., Kuschel, P., Maier, F., (2010), S. 38
[43] Vgl. Schmid, P., Walter, W., Teilgewinnrealisierung bei langfristiger Fertigung in Handels- und Steuerbilanz / Der Betrieb, 47 Jg, 1994, S.2353
[44] Vgl. Wirtschaftslexikon Gabler, 15. Auflage Wiesbaden 2000, Band P-SL, S.2737

3.3 Methoden der Gewinnrealisierung der langfristigen Auftragsfertigung

3.3.1 Die Bedeutung des Realisationsprinzips bei der langfristigen Auftragsfertigung und sich daraus ergebende mögliche Realisierungszeitpunkte

Im deutschen Bilanzrecht findet sich keine ausführliche Vorschrift für die Regelung der langfristigen Auftragsfertigung. Daher müssen zur Lösung dieses Problems die in § 252 HGB verankerten allgemeinen Bewertungsgrundsätze herangezogen werden. Das Realisations- und Anschaffungskostenprinzip ist dabei die Ausprägung des übergeordneten Vorsichtsprinzips.[45] Das Anschaffungskostenprinzip umfasst nach herrschender Meinung, dass die erstellten oder besorgten Güter bis zum Zeitpunkt der Umsatzrealisierung höchstens mit den Anschaffungs- oder Herstellungskosten in der Bilanz anzusetzen sind. Ein höherer Wert als die Anschaffungs- oder Herstellungskosten ist noch nicht realisiert, d.h. das Vorsichtsprinzip dient dem Erhalt des Nominalkapitals dadurch, dass nicht realisierte Gewinne nicht ausgewiesen und ausgeschüttet werden können und dient somit in erster Linie dem Gläubigerschutz. Im Schrifttum werden unter dem Aspekt der Vorsicht drei potenzielle Realisierungszeitpunkte genannt:

- „der Zeitpunkt des Vertragsabschlusses,

- der Zeitpunkt des Zahlungseingangs und

- der Zeitpunkt der Lieferung eines Gutes bzw."[46] bei der langfristigen Auftragsfertigung durch die Abnahme des Auftragsgebers

Der Vertragsabschluss als Zeitpunkt des Realisationszeitpunktes scheidet aus, da das Lieferrisiko zu diesem Zeitpunkt noch besteht und daneben weitere Risiken wie das Produktions-, Beschaffungs- und Kalkulationsrisiko bestehen.

Der Zahlungseingang als Zeitpunkt der Realisation scheint auf den ersten Blick als sicherster Realisierungszeitpunkt zu wirken, allerdings spricht das für eine Hinauszögerung der Gewinnvereinnahmung und würde somit das Vorsichtsprinzip überbetonen.

---

[45] Vgl. Marx, F.M., Löffler, C., Beck´sches Handbuch der Rechnungslegung, München 2000, Tz. 23; Mansch, H. (2002), Sp.1448
[46] Vgl. Marx, F.M., Löffler, C., (2000), Tz. 24

Der Zeitpunkt der Lieferung des Werkes ist nach herrschender Meinung der Zeitpunkt der Realisierung, da die Gefahr auf den Auftraggeber übergeht und der Anspruch auf Gegenleistung entsteht.[47] Da es sich bei den langfristigen Auftragsfertigungen in aller Regel um Werkverträge handelt, geht der Gefahrenübergang an den Abnehmer mit Abnahme des Werkes über.[48] Dieser Zeitpunkt der Abnahme durch den Auftraggeber wird als Zeitpunkt der Gewinnrealisierung angesehen.

Die Realisation des Gewinnes erfolgt in der Praxis abrechnungs- und buchungstechnisch dadurch, dass die Lieferung oder Leistung fakturiert und parallel dazu ein Umsatzerlös erfasst wird. Die aktivierten Herstellungskosten zur Leistungserstellung werden dann als Aufwand behandelt.

Betrachten wir drei gängigsten Methoden, die im Schrifttum und in der Praxis zu finden sind:[49]

- -Completed-Contract-Methode
- -Teilgewinnrealisierung auf Basis echter Teilabnahmen
- -Percentage-of-Completion-Methode

3.3.2 Completed-Contract-Methode

Die Completed-Contract-Methode entspricht absolut dem Realisationsprinzip, da Gewinne erst ausgewiesen werden, wenn die Lieferung durch den Auftragnehmer erbracht wurde und die Abnahme durch den Auftraggeber vollzogen ist (Gefahrenübergang). Der Vorteil dieser Methode ist, dass der Auftragsgewinn erst ausgewiesen wird, wenn der Auftrag ausgeführt oder zum größten Teil ausgeführt worden ist.[50] Bis zu seiner Fertigstellung ist das zu erstellende Werk maximal mit seinen Herstellungskosten gemäß § 255 Abs. 2 und Abs. 3 HGB in der Bilanz als unfertige Arbeit zu bilanzieren. Durch die BilMog-Reform wurden die handelsrechtlichen Wertgrenzen neu definiert. Es zählen nun nicht nur die Materialeinzelkosten, Fertigungseinzelkosten und Sonderkosten der Fertigung zu den aktivierungspflichtigen Bestandteilen, sondern auch die Materialgemeinkosten sowie die

---

[47] Vgl. Kohl, St., (1994), S.121
[48] Vgl.§ 640 ff. BGB
[49] Vgl. Mansch, H, (2002), S.1447
[50] Vgl. Achleitner, A-K., Behr, G., (2002), S. 177; Marx, F.M., Löffler, C. (2000), Tz. 26, S.8; Pellens, B., Füllbier, R.U., Gassen, J., Selhorn, T., (2008), S.404

Gemeinkosten der Fertigung und der Werteverzehr des Anlagevermögens, der durch die Fertigung entsteht. Die Wertuntergrenze des Handelsrechts ist nun mit der Wertuntergrenze des Steuerrechts gleich. Analog dazu wurde der handelsrechtliche Begriff der Herstellungskosten an den in der internationalen Rechnungslegung gebräuchlichen Begriff der produktionsbezogenen Vollkosten angepasst.[51] Für bestimmte Kosten besteht ein Wahlrecht, wie z. B. die Verwaltung, Aufwendungen für soziale Einrichtungen des Betriebes, freiwillige Sozialleistungen und Aufwendungen für die betriebliche Altersvorsorge. Diese dürfen nach § 255 Abs.2 Satz3 HGB in die Herstellungskosten mit eingerechnet werden. Zinsen für Fremdkapital dürfen ausnahmsweise mit aktiviert werden, wenn das Fremdkapital zur Herstellung eines bestimmten Vermögensgegenstandes aufgenommen wurde. Weiterhin verboten ist es Forschungskosten und Kosten des Vertriebes zu aktivieren (§255 Abs. 2 S. 4 HGB).[52] Gemäß § 255 Abs. 2 S. 6 HGB dürfen die Vertriebskosten grundsätzlich nicht in den Herstellungskosten berücksichtigt werden. Das liegt daran, dass bei der industriellen Fertigung, die Produkte zu nächst auf Lager produziert und anschließend abgesetzt werden. Das bedeutet, dass die Vertriebskosten nach dem Herstellungsprozess anfallen und somit nicht zu den Herstellungskosten gehören. Aber, bei den langfristigen Fertigungsaufträgen läuft wie bereits unter Punkt 2.1 erläutert, der Phasenablauf umgekehrt von Produktion und Absatz. Das hat zur Folge, dass bereits vor Produktionsbeginn Vertriebskosten anfallen. Gemäß den Autoren Marx und Löffler sind zwar die Kosten der Auftragserlangung als Sondereinzelkosten des Vertriebes umzuqualifizieren, aber nicht ansetzbar. Es sei denn, dass die Kosten der Auftragserlangung zugleich Kosten der Fertigung als auch Kosten der Fertigungsvorbereitung sind. [53] Es folgt letztendlich eine Umqualifizierung der Sondereinzelkosten des Vertriebes zu Sondereinzelkosten der Fertigung.[54] Die Sondereinzelkosten des Vertriebes lassen sich unterscheiden in Kosten der Auftragsvorbereitung und in die Kosten der Auftragserlangung (Akquisitionskosten). Können die Kosten der Auftragsvorbereitung und der Auftragserlangung einem Fertigungsauftrag direkt und unmittelbar zugerechnet werden unter der Voraussetzung das der Fertigungsauftrag bis zum Abschlussstichtag erteilt worden ist, so gehören diese zu den Herstellungskosten und sind somit keine Vertriebskosten im üblichen Sinne.[55]

Der Beck'sche Bilanzkommentar folgt hier der Meinung Marx und Löfflers. So kommt es letztendlich für den Auftragsnehmer zu einem Wahlrecht ob er die Sondereinzelkosten des

---

[51] Vgl. Ernst, C, Naumann, K.-P., Das neue Bilanzrecht, IDW Düsseldorf 2009, S. 102
[52] Vgl. Sicherer, v. C., (2011), S.46
[53] Vgl. Marx, F.M.; Löffkler, Tz. 41, S. 12
[54] Vgl. Kohl, St., (1994), S. 131
[55] Vgl. Marx, F.M.; Löffkler, Tz. 41, S. 12

Vertriebes zu Sondereinzelkosten der Fertigung umqualifiziert. Am Beispiel im Kapitel 6 wird dieses deutlich. Wird handelsrechtlich das Wahlrecht ausgeübt, so sind diese Kosten über dem Maßgeblichkeitsgrundsatz auch in Steuerbilanz anzusetzen, aber mit der Bil-Mog-Reform 2009 wurde die umkehrte Maßgeblichkeit aufgehoben.[56]

---

[56] Wegen der steuerlichen Bestimmung s. Kapitel 4

In Abbildung 2 werden die Herstellungskostenbestandteile nach HGB, EStR und IFRS zusammenfassend aufgezeigt:

	HGB	EStR 6.3	IAS 2.12
Materialeinzelkosten	Pflicht	Pflicht	Pflicht
Fertigungseinzelkosten	Pflicht	Pflicht	Pflicht
Sondereinzelkosten der Fertigung	Pflicht	Pflicht	Pflicht
Variable Materialgemeinkosten	Pflicht	Pflicht	Pflicht
Variable Fertigungsgemeinkosten	Pflicht	Pflicht	Pflicht
Durch Fertigung veranlasste planmäßige Abschreibung	Pflicht	Pflicht	Pflicht
Durch Fertigung veranlasste planmäßige Abschreibung auf aktivierte selbst geschaffene immaterielle VG des Anlagevermögens	Pflicht	Verbot	Pflicht
Allgemeine herstellungsbezogene Verwaltungskosten	Wahlrecht	Wahlrecht	Pflicht
Allgemeine nicht herstellungsbezogene Verwaltungskosten	Wahlrecht	Wahlrecht	Verbot
Aufwendungen für soziale Einrichtungen des Betriebes	Wahlrecht	Wahlrecht	Verbot
Freiwillige soziale Leistungen und für die AVers (herstellungsbezogen)	Wahlrecht	Wahlrecht	Pflicht
Vertriebskosten	Verbot	Verbot	Verbot
Forschungskosten	Verbot	Verbot	Verbot
Entwicklungskosten	Wahlrecht bei selbst geschaffenen immateriellen VG des Anlage- vermögens	Verbot bei selbst geschaffenen immateriellen VG des Anlage- vermögens; Pflicht/ Wahlrecht sobald HK	VG soweit IAS 38.57 ff erfüllt, HK nach IAS 38.65 ff
Zinsen für FK	Wahlrecht	Wahlrecht	Einbeziehung gem. IAS 23 FK-Kosten

Abbildung 2: Gegenüberstellung der Ansatzpflichten, Ansatzwahlrechte und Ansatzverbote nach HGB/EStR/IFRS

Quelle: Beck'scher Bilanz-Kommentar Handels- und Steuerbilanz, C.HBeck, (2012), 8. Auflage, S. 638.

Wenn der Auftraggeber das Werk abnimmt, ist die langfristige Auftragsfertigung abrechenbar. Die Auftragssumme wird den Herstellungskosten in der Gewinn- und Verlustrechnung gegengerechnet und somit wird der Gewinn, der aus der Auftragsfertigung entstanden ist, ausgewiesen/realisiert. Es werden also nur Gewinne ausgewiesen, die tatsächlich auch realisiert worden sind, da sie eben nicht auf Schätzungen beruhen und so später auch keiner Korrektur bedürfen. Diese Methode trägt auf Grund ihrer Genauigkeit der Zahlungsbemessungsfunktion des handelsrechtlichen Jahresabschlusses bei.[57] Negativ an der Completed-Contract-Methode ist allerdings, dass bei mehrjähriger Leistungserstellung durch die Kosten, die nicht aktivierungsfähig sind, ein Verlust ausgewiesen wird und im Jahr der Abnahme des Werkes ein geballter Gewinn ausgewiesen wird. Die periodengerechte Erfolgsermittlung wird durch diese Methode erheblich eingeschränkt. Das strenge Festhalten am Realisationsprinzip führt dazu, dass Auftragszwischenverluste ausgewiesen werden müssen und nicht realisierte Gewinne nicht ausgewiesen werden dürfen (§ 252 Abs. 1 Nr.4 HGB). Verluste können zum einen dadurch entstehen, dass Wahlrechte bei den Herstellungskosten nicht ausgenutzt werden oder zum anderen, dass die Forschungs- und Vertriebskosten, die zwar in das jeweilige Produkt eingehen, nicht angesetzt werden dürfen. Es kommt somit zu einem Periodenergebnis, das nicht die Auftragsfertigung im vollen Umfang aufzeigt und dem wirtschaftlichen Erfolg entspricht.

Selbst bei einer konstanten Auftragstätigkeit über mehrere Jahre wird durch die Abrechnungsmodalitäten die Höhe der Periodenergebnisse sprunghaft ausgewiesen. Die Aussagekraft von Kennziffern eines Unternehmens wird aber durch einen unstetigen und sprunghaften Erfolgsausweis negativ beeinflusst. Das führt dazu, dass die Informationsfunktion des Jahresabschlusses über die Finanz-, Vermögens- und Ertragslage bei der Completed-Contract-Methode erheblich eingeschränkt ist. Kapitalgesellschaften müssen außerdem § 264 Abs. 2 HGB beachten. Danach sind im Anhang Angaben darüber zu machen, dass der Jahresabschluss nicht ein Bild über die tatsächlichen Verhältnisse (Finanz-, Vermögen- und Ertragslage) wiedergibt. Eine Angabepflicht im Anhang ist bei der Completed-Contract-Methode zu bejahen, da durch den Ausweis von sprunghaften Ergebnissen kein den tatsächlichen Verhältnissen entsprechendes Bild des Jahresabschlusses[58] wiedergegeben wird. Grundsätzlich bleibt festzuhalten, dass, sofern entsprechende Anhangsangaben vorliegen, die Completed-Contract-Methode unter der strengen Anwendung des Realisa-

---

[57] Vgl. Marx, F., Löffler, C. (2000), Tz.29,
[58] Vgl. Marx, F.M., Löffler, C., (2000), Tz.33

tionsprinzips sowohl der Zahlungsbemessungsfunktion des Jahresabschlusses vollumfassend Rechnung trägt als auch die Informationsfunktion erfüllt wird.

3.3.3 Die Teilgewinnrealisierung auf Basis von echten Teilabnahmen

Die Completed-Contract-Methode zeigt sprunghafte Ergebnisse, die den Unternehmenserfolg in der Handels- und Steuerbilanz verzerrt darstellt.[59] Eine alternative Methode zur Completed-Contract-Methode ist die „Teilgewinnrealisierung durch echte Teilabnahmen"[60]. Es handelt sich hierbei um eine modifizierte Form des Realisationsprinzips. Der einheitliche Realisierungszeitpunkte und in Teillieferungen aufgeteilt. Den Teilabschnitten können Teilgewinne eindeutig zugeordnet werden. Allerdings werden im Schrifttum unterschiedliche Voraussetzungen an die Teilgewinnrealisierung geknüpft. Als erste Voraussetzung muss zwischen dem Auftragnehmer und dem Auftraggeber vertraglich vereinbart worden sein, dass selbständige Teillieferungen bzw. Teilleistungen erbracht werden. Dies dient der Abwendung des § 266 BGB, denn danach ist der Schuldner nicht berechtigt Teilleistungen zu erbringen.[61] Desweiteren müssen die Teilleistungen und Teillieferungen vom Auftraggeber abgenommen werden, bzw. müssen diese als wirtschaftlich abgenommen gelten. Da der Gefahrenübergang bei Werkverträgen erst mit Abnahme durch den Auftraggeber übergeht, ist die Teilabnahme die unbedingte Voraussetzung, um Teilgewinne realisieren zu können. Darüber hinaus müssen die Teilleistungen bzw. Teillieferungen nicht nur wirtschaftlich und technisch sinnvoll zueinander abgrenzbar sein[62], sondern der Leistungsempfänger muss die Teilleistungen nutzen und verwerten können und sie müssen abrechnungsfähig sein. Die Abgrenzung einzelner Komponenten kann z. B. beim Bau einer Anlage zur Produktion von Schwefelsäure nicht sichergestellt werden, da bei der Ablieferung „eine funktionsfähige Gesamtanlage geschuldet"[63] wird und nicht die Lieferung einzelner Aggregate. Daher erschließt sich, dass diese Methode nicht uneingeschränkt auf alle langfristigen Fertigungsaufträge angewendet werden kann, weil eben nicht alle Anwendungsvoraussetzungen erfüllbar sind. Ferner muss die langfristige Fertigung einen essentiellen Teil der Unternehmenstätigkeit ausmachen. Ohne die Teilgewinnrealisierung muss außerdem der Einblick in die Ertragslage des Unternehmens

---

[59] Vgl. Kohl, St., (1994), S. 133
[60] ebenda, Tz. 49
[61] Vgl. Kohl, St.,(1994), S.134; Marx, F.M., Löffler, C.,(2000), Tz.50; § 266 BGB
[62] Vgl. Buhleier, C., (1997), S. 72;
[63] Vgl. Marx, F.M, Löffler, C. (2000), Tz.20

erheblich beeinträchtigt sein. Es sind außerdem unvorhersehbare Risiken zu beachten und der Gewinn am Ende muss genau ermittelbar sein, d.h. die Erträge müssen klar zuordenbar sein.[64] Werden alle Anwendungsvoraussetzungen erfüllt, so hat der Bilanzierende eine Verpflichtung die Teilgewinnrealisierung durchzuführen und kein Wahlrecht.[65] Die Teilgewinnrealisierung auf Basis von echten Teilabnahmen ist mit den handelsrechtlichen Vorschriften völlig vereinbar, da „diese Methode eine konsequente Anwendung des Realisationsprinzips"[66] darstellt. Das bedeutet, dass die Gewinne, die durch die Teilabnahmen entstehen, als realisiert gelten und damit in der Bilanz und der Gewinn und Verlust Rechnung erscheinen. Zusammenfassend lässt sich sagen, "dass die Teilgewinnrealisierung durch echte Teilabnahmen der Zahlungsbemessungsfunktion des Jahresabschlusses uneingeschränkt gerecht wird"[67]. Die sprunghaften Erfolgsausweise, wie sie bei der Completed-Contract-Methode entstehen, werden bei dieser Methode vermieden.

3.3.4 Die Percentage-of-completion-Methode

Während bei der Completed-Contract-Methode ein Gewinn erst entsteht, wenn das herzustellende Werk abgenommen wurde (Gefahrenübergang auf den Auftragsbesteller), wird bei der Percentage-of-Completion-Methode unterstellt, dass ein Gewinn kontinuierlich über die Perioden der Leistungserstellung entsteht,[68] d.h. die Höhe des zu realisierenden Teilgewinnes wird entsprechend dem Fertigstellungsgrad bestimmt, jedoch nur unter der Annahme, dass keine unvorhersehbaren Risiken auftreten. Im Unterschied zur CCM-Methode ist die Percentage-of-Completion-Methode nicht an bestimmte Voraussetzungen gebunden, sondern es kommt vielmehr auf den Fertigstellungsgrad der Gesamtleistung am Abschlussstichtag an. Es gibt verschiedene Verfahren, um den Gewinnanteil zu berechnen. Am häufigsten kommt dabei allerdings die sogenannte Cost to cost-Methode zum Einsatz.[69] Hierbei wird der anteilige Gewinn zu den erwarteten gesamten Aufwendungen mit den bis zum Abschlussstichtag anfallenden Aufwendungen ins Verhältnis gesetzt. Anhand der folgenden Formel kann der Teilerfolg einer Periode (T) berechnet werden:

[64] Vgl. Schmid, P., Walter, W., (1994), Seitenzahl 2353-2359
[65] Vgl. Marx, F.M., Löffler, C.,(2000), Tz. 60; Kohl; St., (1994), S. 141, Buhleier, C., (1997), S. 74
[66] Vgl. Marx, F.M., Löffler, C.,(2000), Tz. 60, S. 18
[67] Vgl. Marx, F.M., Löffler, C.,(2000), Tz. 61, S. 18
[68] Vgl. Marx, F.M., Löffler, C. (2000), Tz. 70; Schmid, P., Walter, W., (1994), S. 2353-2359
[69] Vgl. Baetge, J., Kirsch, H.-J., Thiele, (2011), S. 366

$$\text{Teilerfolg}_T \;=\; \frac{\text{Aufwendungen}_T}{\text{geschätzte Gesamtaufwendungen}} \;\times\; \text{geschätzter Gesamtgewinn}$$

Quelle: Baetge, J., Kirsch, H.-J., Thiele, S., (2011), S. 367

Im Hinblick auf die Informationsfunktion des Jahresabschlusses bietet die Percentage-of-Completion-Methode einen wesentlich besseren Einblick in die Ertragslage eines Unternehmens und somit auch in das periodenbezogene Ergebnis der wirtschaftlichen Tätigkeit. Zu kritisieren ist allerdings, dass die Poc-Methode Teilgewinne ausweist, obwohl tatsächlich keine Gewinne realisiert worden sind. Erst beim Gefahrenübergang vom Auftragnehmer an den Auftraggeber wird nach deutschem Recht ein Gewinn realisiert. Daher würde bei einem früheren periodischen Ausweis eines Teilgewinnes ein Verstoß gegen das Realisationsprinzip vorliegen und damit auch eine Verletzung der Zahlungsbemessungsfunktion des Jahresabschlusses.[70] In Teilen des Schrifttums wird trotzdem diskutiert, ob handelsrechtlich die Poc-Methode nicht doch als zulässig erachtet werden könnte. Der Ausnahmefall des § 252 Abs. 2 HGB, nach dem in begründeten Ausnahmen vom Realisationsprinzip des § 252 Abs. 1 HGB abgewichen werden darf, wird hierbei immer wieder als Argument angeführt. Daher wird in der Literatur eine Teilgewinnrealisierung nach Leistungsfortschritt als zulässig betrachtet, wenn die folgenden und sämtlichen Bedingungen erfüllt werden:[71]

- Es muss sich um eine langfristige Auftragsfertigung handeln und der Herstellungsprozess muss sich über die Dauer eines Geschäftsjahres hinziehen.

- Die langfristige Auftragsfertigung muss einen wesentlichen Teil der Unternehmenstätigkeit ausmachen.

- Die Abrechnung der langfristigen Auftragsfertigung nach Abschluss der Fertigung muss zu einer erheblichen Beeinträchtigung des Einblicks in die Ertragslage führen.

- Der Gewinn aus der langfristigen Auftragsfertigung muss aufgrund von Vorkalkulationen sowie einer laufenden Kostenrechnung mit Soll/-Ist-Vergleich sicher zu ermitteln sein, und es dürfen keine Risiken absehbar sein, die das Ergebnis beeinflussen können.

---

[70] Vgl. Selchert, F.W., Lorchheim, U., (1998), S. 138
[71] Vgl. Marx, F.M., Löffler, C., (2000), Tz.77, S.22; Selchert, F.W., Lorchheim, U., (1998), S. 141; Kohl, St., (1994), S. 148

- Es müssen vorsichtig bemessene Beträge berücksichtigt werden, um eventuelle Nachbesserungen oder Garantieleistungen erfüllen zu können.
- Die Gesamtleistung muss sich in kalkulatorisch abgrenzbare Teilleistungen zerlegen lassen.
- Es darf nur der Teilgewinn vereinnahmt werden, der auf die Teilleistung entfällt
- Gewinne dürfen nicht vereinnahmt werden, wenn die Istkosten der Teilleistung die in Vorkalkulation ermittelten Plankosten übersteigen und die noch nicht durch Erlös gedeckten anfallenden Kosten beseitigt werden.
- Es dürfen keine Anzeichen vorliegen, dass der Auftraggeber Einwendungen erheben könnte, die sich wiederum auf das Gesamtergebnis negativ auswirken könnten.[72]

Kritisiert wird an den oben genannten Bedingungen, dass für diese Voraussetzungen die Rechtsgrundlagen fehlen und sie inhaltlich unbestimmt sind. Die Ausführungen über die genannten Grundvoraussetzungen und das schwer einschätzbare Risiko des Auftragnehmers lassen einen erheblichen Beurteilungsspielraum zu. Da alle Werte auf Schätzungen beruhen, also nicht realisiert sind, kommt es zu einer echten Durchbrechung des Realisationsprinzips. Ferner ist darauf hinzuweisen, dass es gerade für die langfristige Auftragsfertigung typisch ist, dass bis zur Abnahme des Werkes bzw. von Teillieferungen und Teilleistungen noch unvorhersehbare Risiken entstehen können, wie z. B. Preiserhöhungen bei den Materialien, Kosten wegen Terminüberschreitung oder z.B. Konstruktionsmängel. Eine Teilgewinnrealisierung nach der Percentage-of-completion- Methode kommt aufgrund der Risikostruktur der langfristigen Auftragsfertigung und der kumulativ zu erfüllenden Bedingungen in nur wenigen Fällen zur Anwendung.[73] In Hinblick auf § 252 Abs.2 HGB stellt die langfristige Auftragsfertigung keinen rechtfertigenden Ausnahmefall dar, der es gestattet die Poc-Methode anzuwenden. Ein Abweichen vom Realisationsprinzip darf dann vorgenommen werden, wenn es eine Änderung in den rechtlichen, wirtschaftlichen oder organisatorischen Verhältnissen gibt bzw. die Zielstruktur des Jahresabschlusses geändert wird, in dem die vorzeitigen Gewinne ausgewiesen werden.[74] Auch wenn die Poc-Methode der Bilanzierung der langfristigen Auftragsfertigung dem Sinn von § 264 Abs. 2 S. 1 HGB am nächsten kommt, ist sie nicht mit dem geltenden deutschen Handels-

---

[72] In Anlehnung an Adler, H., Düring, W., Schmaltz, K., Rechnungslegung und Prüfung der Unternehmen, Kommentar zum HGB, 6. Auflage, Stuttgart 1995, Tz. 88 zu § 252 HGB; Vgl. Marx, F.M, Löffler, C., (2000), Tz.77, S. 22
[73] Vgl. Marx, F.M, Löffler, C., (2000), Tz. 80, S. 23
[74] ebenda, Tz.83, S. 25

recht vereinbar. Die Generalnorm des § 264 Abs. 2 HGB besitzt keine Funktion eines „overriding principles", wie dies in der internationalen Rechnungslegung der Fall ist und muss sich somit dem Vorsichtsprinzip unterordnen.[75] Daher ist eine Realisierung eines Teilgewinns nach der Percentage-of-completion-Methode aufgrund ihres massiven Verstoßes gegen das Realisierungsprinzip nicht mit dem deutschen Handelsrecht vereinbar und somit auch nicht anwendbar.[76] Eine Bilanzierung von Fertigungsaufträgen verstößt bei Anwendung der Poc-Methode nicht nur gegen das Realisationsprinzip, sondern auch gegen das in § 253 Abs. 1 S. 1 HGB kodifizierte AK/HK Prinzip. Allerdings kann ein Verstoß gegen zwei gesetzliche Vorschriften nicht mit der Generalnorm des § 264 Abs. 2 S. 1 HGB gerechtfertigt werden.[77] Somit ist zurzeit im Handelsrecht nur die CCM oder die Teilabrechnung auf Basis echter Teilabnahmen möglich, wie im Beispiel im Kapitel 6 aufgezeigt wird.

3.3.5. Die bilanzielle Behandlung von Verlustaufträgen

Da nun die Methoden der Gewinnrealisierung nach Handelsrecht erläutert worden sind, soll ebenfalls auch auf die Behandlung von Verlustaufträgen eingegangen werden. Aufgrund des hohen Wettbewerbsdrucks am Markt kann es vorkommen, dass Auftragspreise vereinbart worden sind, die noch nicht einmal die Selbstkosten decken. Da eine Gewinnrealisierung erst mit Abnahme des Projektes nach Handelsrecht entsteht, muss eine antizipative Verlustberücksichtigung vorgenommen werden. Das bedeutet, dass für drohende Verluste aus der langfristigen Auftragsfertigung zum Zeitpunkt ihrer Erkenntnis eine Rückstellung zu bilden ist[78] und zwar in Höhe des gesamten geschätzten Verlustes.[79] D.h., es kann bereits vor Herstellungsbeginn zur Bildung einer solchen Rückstellung kommen. Der drohende Verlust ist in der Handelsbilanz als „aktivische Wertkorrektur gemäß des § 253 Abs. 3 S. 2 HGB" zu berücksichtigen. Die Korrektur hat entweder bei dem entsprechenden Vorratsposten zu erfolgen oder wenn noch kein aktiver Vorratsposten besteht, als Rückstellung für drohende Verluste aus schwebenden Geschäften. Während der Auftragsdurchführung eines Fertigungsauftrages wird dieser bis zur Fertigstellung als

---

[75] Vgl. Marx, F.M., Löffler, C. (2000), Tz. 74, S.22; Pilhofer, (2002), S. 193
[76] Vgl. Baetge, J., Kirsch, H.-J., Thiele, S., (2011), S.368
[77] Vgl. Beatge, J., Kirsch, H.-J., Thiele, S., (2011), S. 368
[78] Vgl. Marx, F.M., Löffler, C., (2000), Tz. 87, S.26
[79] Vgl. § 249 Abs. 1, S.1 HGB; Marx, F.M., Löffler, C., (2000), Tz. 87, S.27; Coenenberg, A.G., Haller, A., Schulte, W., (2009), S. 229

„unfertiges Erzeugnis" deklariert. Zum Bilanzstichtag ist zu prüfen, in welcher Höhe eine Verlustantizipation vorzunehmen ist, da gemäß § 253 Abs. 4 HGB Vermögensgegenstände des Umlaufvermögens auf den niedrigeren Teilwert abzuschreiben sind. Der Bilanzansatz ermittelt sich wie folgt:[80]

Voraussichtlicher Verkaufserlös

./.   noch anfallende Herstellungskosten

./.   noch anfallende sonstige Kosten

=   beizulegender Wert des Fertigungsauftrages

Abbildung 3: Ermittlung des beizulegenden Wertes eines Fertigungsauftrages

3.3.6 Der Ausweis von Fertigungsaufträgen im Jahresabschluss

3.3.6.1 Der Ausweis in der Bilanz

Liegt dem Auftragnehmer lediglich ein Auftrag vor und hat dieser auch noch nicht mit der Bearbeitung des Auftrages begonnen, so handelt es sich um ein schwebendes Geschäft, wie schon unter Punkt 3.2. erläutert wurde, welches in der Bilanz noch keine Berücksichtigung findet.[81] Wurde allerdings mit der Bearbeitung begonnen, so sind die Fertigungssaufträge als „unfertige Erzeugnisse" zu qualifizierten und gemäß § 266 Abs. 2 HGB dem Bilanzierungsschema für Kapitalgesellschaften unter der Vorratsposition B.I. 2 „unfertige Erzeugnisse" bzw. „unfertige Leistungen" zu positionieren. Es empfiehlt sich jedoch im Sinne einer verbesserten Darstellung und Übersichtlichkeit die unfertigen Erzeugnisse bzw. Leistungen aus langfristigen Fertigungsaufträgen in einer gesonderten Bilanzposition unter der Bezeichnung „in Ausführung befindliche Aufträge" oder als „unfertige Arbeiten" zu deklarieren.[82] Als Wertansatz dürfen nur die nach § 255 Abs. 2 und 3 HGB aktivierungspflichtigen und aktivierungsfähigen Herstellungskosten angesetzt werden.[83] Erst in der Periode der Abnahme des gesamten Fertigungsauftrages oder bei Teilleilieferung auf Basis echter Teilabnahmen durch den Auftraggeber, wird der unfertige Vermögensgegenstand in Höhe der zuvor aktivierten Herstellungskosten als ein Abgang gegen

---

[80] Vgl. Kümpel, T., Vorratsbewertung und Auftragsfertigung nach IFRS, München 2005, S. 76; Marx, F.M., Löffler, C., (2000), Tz. 87, S.27
[81] Vgl. Marx, F.M., Löffler, C., (2000), Tz. 87, S.27; Kohl, St., (1994), S. 62-81
[82] Vgl. Marx, F.M., Löffler, C., (2000), Tz. 87, S.27; Baetge, J., Kirsch, H.-J., Thiele, S., (2011), S.370
[83] Vgl. 3.3.2

den Aufwand ausgebucht. Daneben wird in Höhe des vereinbarten Kaufpreises eine Forderung aus Lieferung und Leistung erfasst und der dazugehörige Umsatz ausgewiesen.[84]

Auf das Problem des Bilanzausweises unfertiger Arbeiten auf fremdem Boden wird in dieser Arbeit nicht eingegangen.

3.3.6.2 Der Ausweis in der Gewinn und Verlustrechnung

Der Ausweis der langfristigen Fertigungsaufträge in der G u V ist abhängig davon, ob das Gesamtkostenverfahren gemäß § 275 Abs. 2 HGB oder das Umsatzkostenverfahren gemäß § 275 Abs. 3 HGB angewendet wird. Wird das GKV angewendet, so wird jedes Jahr zum Bilanzstichtag eine Bestandserhöhung an unfertigen Erzeugnissen in Höhe des in der Bilanz zusätzlichen aktivierten Betrages vorgenommen. In der Berichtsperiode, in der die Abnahme des Fertigungsauftrages stattfindet, werden in der G u V die gesamten Umsatzerlöse in Höhe der Forderung aus Lieferung und Leistung (abzüglich eventueller Umsatzsteuer) unter Berücksichtigung einer Bestandsminderung in Höhe der in der Bilanz aktivierten Herstellungskosten erfasst.

Wird hingegen das Umsatzkostenverfahren zur Darstellung in der G u V angewendet, so werden lediglich in den Jahren der Herstellung des Fertigungsauftrages die nicht aktivierungsfähigen Aufwendungen dargelegt. Im Jahr der Abnahme des Fertigungsauftrages wird dann, wie beim GKV, der gesamte Verkaufserlös in Höhe der Forderung aus L. u L. (abzüglich eventueller Umsatzsteuer) ausgewiesen. Darüber hinaus werden die „Herstellungskosten der zur Erzielung der Umsatzerlöse erbrachten Leistungen" in Höhe der aktivierten Herstellungskosten in der G u V als Aufwand erfasst.[85]

---

[84] Vgl. Baetge, J., Kirsch, H.-J., Thiele, S., (2011), S.371
[85] ebenda

3.3.6.3 Der Ausweis im Anhang und Lagebericht

Kapitalgesellschaften sind aufgrund des § 264 Abs. 1 HGB verpflichtet ihren Jahresabschluss um einen Anhang zu erweitern, der zusammen mit der Bilanz und der G u V eine Einheit bilden soll, sofern sie nicht nach § 264 Abs. 3 HGB befreit sind.[86]

Unter Berücksichtigung des § 284 Abs. 2 Nr. 1 HGB sind die auf die einzelnen Posten der Bilanz und G u V angewandten Bilanzierungs- und Bewertungsmethoden darzulegen. Für die langfristige Auftragsfertigung bedeutet das, die Gewinnrealisierungsmethode ist anzugeben nach der die Gewinne realisiert wurden, also entweder die CC-Methode oder die Teilabrechnung auf Basis echter Teilabnahmen.[87] Darüber hinaus verlangt § 284 Abs. 2 Nr. 3 HGB begründete Angaben, wenn von den Bilanzierungs- und Bewertungsmethoden abgewichen wird. Liegen noch nicht abgerechnete Teilleistungen vor, so ist über diese zu berichten, ebenso, wenn Fremdkapitalzinsen in die Herstellungskosten mit einbezogen wurden.[88]

Wurde für die Gewinnrealisierung die CC-Methode angewendet, so kommt dem § 264 Abs. 2 S. 2 HGB eine besondere Bedeutung zu. Danach sind im Anhang zusätzliche Angaben dazulegen, wenn der Jahresabschluss kein den tatsächlichen Verhältnissen entsprechendes Bild über die Finanz-, Vermögens- und Ertragslage wiedergibt.[89] Der Gesetzgeber lässt hier allerdings offen, wie die zusätzlichen Angaben auszugestalten sind. Letztendlich hängen der Inhalt und der Umfang von der Publizitätsfreudigkeit der Unternehmen ab. Um den Angaben, die im Sinne des § 264 Abs. 2 S. 2 HGB sind, nachzukommen, sind verbale und quantitative Aussagen über die Entwicklung des Auftragseingangs und den Bestand anzugeben. Darüber hinaus soll auch über Fertigungsaufträge einschließlich der Zahlenangaben berichtet werden, die sich in der laufenden Bearbeitung befinden und die in der nächsten Geschäftsperiode zur Endabrechnung anstehen.[90] Ferner wird gefordert, dass über Teilgewinne berichtet wird, die sich bei Anwendung der CC-Methode in der Vergangenheit ergeben hätten, als auch über die Teilgewinne, die sich in der Zukunft bei Anwendung der CC-Methode ergeben würden. Erfolgt die Teilgewinnrealisierung auf Basis echter Teilabnahmen, sind diese eben zu erläuterten Anhangsangaben

---

[86] Vgl. Sicherer, C., (2011), S. 128
[87] Vgl. Marx, F.M., Löffler, C., (2000), Tz. 95, S. 28
[88] Vgl. § 284 Abs. 2 Nr. 5 HGB
[89] Vgl. Marx, F.M., Löffler, C., (2000), Tz. 97, S. 29; Baetge, J., Kirsch, H.-J., Thiele, S., (2011), S.369
[90] Vgl. Marx, F.M., Löffler, C., (2000), Tz. 97, S. 29

höchstens auf freiwilliger Basis zu erstellen, da bereits bei dieser Bilanzierungsmethode ein zutreffender Einblick in die Finanz-, Vermögens- und Ertragslage gegeben wird.[91]

Gemäß § 264 Abs. 1 S. 1 i. V. m. S. 3 HGB müssen mittelgroße und große Kapitalgesellschaften neben dem Anhang auch noch einen Lagebericht erstellen. Im Lagebericht sind der Geschäftsverlauf und die Lage des Unternehmens so darzulegen, dass ein den tatsächlichen Verhältnissen entsprechendes Bild vermittelt wird.[92] Sofern nicht bereits im Anhang Informationen über die Auftragseingänge als auch über die Auftragsbestände der abgelaufenen Geschäftsperiode sowie über bisherige Auftragseingänge in der neuen Geschäftsperiode und den Reichweiten in Produktionsmonaten dargelegt wurden, so hat der Ausweis im Lagebericht zu erfolgen. Der Ausweis ermöglicht so Rückschlüsse über die Kapazitätsauslastungen und über zukünftige erwartete Umsätze. Ferner ist über alle speziellen Risiken, die sich über die beiden Abschlussstichtage der nächsten zwei Bilanzperioden hinziehen, zu berichten.[93]

---

[91] Vgl. Marx, F.M., Löffler, C., (2000), Tz. 98, S. 29
[92] Vgl. § 289 Abs. 1 S. HGB
[93] Vgl. Marx, F.M., Löffler, C., (2000), Tz. 102, S. 31.

4. Bilanzierung der langfristigen Auftragsfertigung nach Steuerrecht

4.1 Zielsetzung des Jahresabschlusses nach dt. Steuerrecht und die Bedeutung für die Bilanzierung der langfristigen Auftragsfertigung

Während die Handelsbilanz für eine Vielzahl von Interessenten erstellt wird, ist der einzige Adressat der Steuerbilanz der Fiskus. Die Steuerbilanz hat die Aufgabe den Steuerbilanzgewinn zu ermitteln, um auf dessen Grundlage die Einkommensteuer, Körperschaftsteuer und Gewerbesteuer zu bestimmen. Neben der Forderung einer Manipulationsfreiheit für die Steuerbilanz ist auch die Steuergerechtigkeit von großer Bedeutung. Hiernach soll zum einen die gleiche steuerliche Leistungsfähigkeit unterschiedslos besteuert werden, zum anderen soll eine höhere steuerliche Leistungsfähigkeit auch höher besteuert werden als eine niedrigere steuerliche Leistungsfähigkeit.[94]

Alle Gewerbetreibenden, die bereits nach § 238 ff. HGB verpflichtet sind Bücher zu führen, müssen dies auch für steuerliche Zwecke erfüllen. Es wird hier von der derivativen steuerlichen Buchführungspflicht nach § 140 AO gesprochen.[95]

Die Grundlage für die Steuerbilanz bildet dabei die Handelsbilanz. Es wird oft von der sogenannten abgeleiteten Steuerbilanz gesprochen, da gemäß nach § 5 Abs. 1 S. 1 EStG die Gewerbetreibenden, die aufgrund gesetzlicher Vorschriften verpflichtet sind Bücher zu führen oder dies freiwillig tun, am Ende des Jahres das Betriebsvermögen anzusetzen haben, „das sich nach handelsrechtlichen Grundsätzen ordnungsgemäßer Buchführung ergibt, es sei denn im Rahmen der Ausübung eines steuerlichen Wahlrecht wird oder wurde ein anderer Ansatz gewählt."[96] In der Literatur spricht man vom sogenannten Maßgeblichkeitsgrundsatz der Handelsbilanz für die Steuerbilanz. Hiermit soll verhindert werden, dass sich der Kaufmann in der Steuerbilanz ärmer rechnet als in der Handelsbilanz. Steuerrechtliche Wahlrechte sind umgekehrt dabei nicht an die Handelsbilanz gebunden. Mit der BilMog-Reform wurde die umgekehrte Maßgeblichkeit abgeschafft und führte somit zu einem weiteren auseinanderfallen der Handels- und Steuerbilanz. Dadurch wurde aber erreicht, dass im Bezug auf die Internationale Rechnungslegung die Handelsbilanz nun aussagekräftiger ist bezüglich der internationalen Vergleichbarkeit von Jahres-

---

[94] Vgl. Coenberg, A.G., Haller, A., Schulte, W., (2009), S. 20
[95] Vgl. Sicherer, C, (2011), S. 21
[96] Vgl. § 5 Abs. 1, S. 1 EStG; Beck'scher Bilanzkommentar Handelsbilanz, Steuerbilanz, München 2012, S. 72

abschlüssen.[97] Steuerlich bleibt der einzige Zweck der Steuerbilanz, dass sie die Grundlage zur Bemessung der Steuer ist.

Da die langfristige Auftragsfertigung im Steuerrecht nicht explizit geregelt ist, wird auch hier wieder der Grundsatz des Realisationsprinzips gemäß § 252 Abs. 1 S. 4 HGB herangezogen.

4.2. Bilanzansatz der langfristigen Fertigungsaufträge nach Steuerrecht

Hier gelten analog die Bestimmungen des Handelsrechts wie unter Punkt 3.2. erläutert. Schwebende Geschäfte werden aufgrund der dargelegten Argumente nicht bilanziert.

4.3. Methoden zur Gewinnrealisierung der langfristigen Auftragsfertigung

Analog gelten hier die gleichen Bestimmungen wie im Handelsrecht. Erst mit dem Gefahrenübergang an den Abnehmer entsteht ein Gewinn (Gewinnrealisierung). Des Weiteren wurde mit der Einführung von BilMog 2009 das Anschaffungskosten- bzw. Herstellungskostenprinzip an die steuerlichen Wertansätze angepasst, sodass die handelsrechtlichen Herstellungskosten einem Vollkostenansatz nach Steuerrecht entsprechen.[98] Aber, in einem Punkt kommt hierzu Abweichung von H:R zu StR. Die Sondereinzelkosten der Fertigung (umqualifizierte Vertriebskosten), bei denen nach Handelsrechtlich ein Wahlrecht besteht, ob die Vertriebskosten zu SEV umqualifiziert werden, dürfen nach Steuerrecht ausdrücklich nicht angesetzt werden.[99] Hier kommt zu einem echten auseinanderfallen der Ergebnisse nach H.R. und StR, was dazu führt das in Höhe der sonstigen Kosten (i.d.R. Vertriebskosten) sogenannte Auftragszwischenverluste entstehen. Steuerlich sind zur Gewinnermittlung aus der langfristigen Auftragsfertigung nur die CC- Methode und die

---

[97] Vgl. Coenenberg, A.G., Haller, A, Schulte, W., (2009), S. 22
[98] Vgl. Beck´scher Bilanzkommentar, (2012), § 255,Tz. 345, S. 638; Sicherer, v. C., (2011), S. 48
[99] Vgl. Schmidt, L., (2007), § 6 TZ.186, 524

Teilgewinnrealisierung auf Basis echter Teilabnahmen zulässig.[100] Die Poc-Methode ist aus den gleichen Gründen wie bei der Handelsbilanz verboten.

Es fällt auf, dass einige BilMog-Neuerungen bereits im Steuerrecht in gleicher oder ähnlicher Form vorhanden sind und dass mit dem BilMog steuerlich bestehende Regelungen ins Handelsrecht übernommen worden sind.[101] Darüber hinaus sind die Elemente des BilMog zentrale Bestandteile des IFRS, die in einigen Punkten mit dem Steuerrecht übereinstimmen.

4.3.1 Die Behandlung von Verlusten

Eine antizipative Verlustbehandlung wie im Handelsrecht gibt es seit Einführung des § 5 Abs. 4a EStG (1997) im Steuerrecht nicht. D.h., es dürfen als Ausfluss des Realisations- und Imparitätsprinzips keine Rückstellungen für drohende Verluste aus der Auftragsfertigung gebildet werden, da der Verlust als noch nicht realisiert gilt.[102] Hier widerspricht das Steuerrecht dem Handelsrecht ausdrücklich und die steuerlichen Vorschriften gehen dem Handelsrecht vor (Abweichung vom Maßgeblichkeitsgrundsatz). Vielmehr ist erst in dem Jahr, in dem der Verlust tatsächlich auftritt, der Verlust zu berücksichtigen. Wie schon unter Punkt 4.1. erläutert, soll die steuerliche Gewinnermittlung auf den tatsächlichen Ergebnissen eines Unternehmens beruhen. Daher muss im Falle eines Verlustes aus der Auftragsfertigung eine Teilwertabschreibung auf die zuvor aktivierten Herstellungskosten erfolgen. Da die langfristige Auftragsfertigung handels- als auch steuerrechtlich unter den Vorräten ausgewiesen werden und sie damit zum Umlaufvermögen gehören, erfolgt die Bewertung zum Bilanzstichtag gemäß § 6 Abs. 1 Nr. 2 S. 1 EStG. Dieses bedeutet, dass die Bewertung des Fertigungsauftrages zu AK/HK erfolgt oder bei einer dauerhaften Wertminderung zu einem niedrigeren Teilwert.[103] Da bei einem Verlust von einer dauernden Wertminderung auszugehen ist, muss dementsprechend auf den niedrigeren Teilwert abgeschrieben werden. Die Abbildung 6 aus dem Punkt 3.3.5. gilt hier analog.

---

[100] Vgl. Marx, F.M., Löffler, C.,(2000), Tz. 62, S. 18; Beck'scher Bilanzkommentar, (2012), § 255, Tz. 463, S. 666
[101] Vgl. Füllbier, R.U., Kuschel, P, Maier, F, (2010), S. 38
[102] Vgl. Federmann, R., Bilanzierung nach Handelsrecht, Steuerrecht und IAS/IFRS, Berlin 2010, S. 320; Schmidt, L. Einkommensteuergesetz Kommentar, München 2007, § 5, Tz. 76, S. 368
[103] Beckscher Bilanzkommentar, (2012), § 253, Tz. 507, S. 493

4.3.2 Ausweis der Fertigungsaufträge im Jahresabschluss

Die Bestimmungen zum JA gelten hier analog zum Handelsrechtlichen.[104] Da die Steuerbilanz eine abgeleitete Handelsbilanz darstellt, kommt es zu den gleichen Darstellungen und Ausweisen in der Bilanz und in der G u V. Sind allerdings Teilwertabschreibung vorgenommen worden wie z.B. Verlustberücksichtigung, so sind diese gemäß §277 Abs. 3 S. 1 HGB in der G u V gesondert auszuweisen oder im Anhang zu erläutern.[105]. Gemäß § 60 EStDV hat der steuerpflichtige Unternehmer neben der Bilanz auch die G u V einzureichen. Darüber hinaus soll er, wenn ein Anhang und / oder Lagebericht vorliegt, diesen mit einreichen.[106]

4.3.3 Ausweis im Anhang und Lagebericht

Die Bestimmungen zur Ausgestaltung des Anhangs und des Lageberichts gelten hier analog zum Handelsrecht.[107]

---

[104] Vgl. Punkt 3.3.6
[105] Beckscher Bilanzkommentar, (2012), § 284, Tz. 109, S. 1265
[106] Vgl. § 60 EStDV
[107] Vgl. Punkt 3.3.6.3

5. Bilanzierung der langfristigen Auftragsfertigung nach IAS/ IFRS

5.1 Zielfunktion des Jahresabschlusses nach IAS/ IFRS und die Bedeutung für die Bilanzierung der langfristigen Fertigungsaufträge

Während die Normen des Handelsrechts und des Steuerrechts durch den deutschen Gesetzgeber entwickelt worden sind, beruht die Herausgabe der International Financial Reporting Standards (IFRS) auf einer privatrechtlichen Vereinigung, die am 29.06.1973 auf dem Interational Accounting Standard Board (IASB) gegründet wurde. Das IASB besitzt selbst keine hoheitliche Autorität um diese Standards durchzusetzen. Es arbeitet vielmehr eng mit nationalen Organisationen und Standardsettern zusammen, die wiederum für die Durchsetzung der Standards verantwortlich sind. Die IFRS beinhalten konkrete Bilanzierungs- und Bewertungsvorschriften.[108] Sie sind dabei ausführlicher und spezieller formuliert als die deutschen Rechnungslegungsvorschriften. Während sich das deutsche Recht am kontinentalen-europäischen "Code Law" orientiert und Generalregelungen in Form von kurzen Formulierungen, die allgemein gültig sind, formuliert, ist die IFRS am angelsächsischen „Case Law" orientiert und erschafft Spezialregelungen, die ausführlich die Sachverhalte darstellen. Zurzeit gibt es 41 gültige IAS.

Die Ausführungen zu den allgemeinen Grundsätzen der Rechnungslegung nach IFRS sind im „Framework for Preparation and Presentation of Financial Statements" festgelegt. Neben der zentralen Zielsetzung entscheidungsrelevante Informationen bereitzustellen, werden im Framework grundlegende Annahmen und qualitative Anforderungen beschrieben, die an den Abschluss nach IFRS gestellt werden. Zu den entscheidungsrelevanten Informationen[109] gehören Informationen über die Vermögens- und Finanzlage sowie der Ertragslage und darüber hinaus auch über Veränderung der Vermögens- und Finanzlage eines Unternehmens. Im Framework 9 werden die Jahresabschlussadressaten aufgelistet. Dabei handelt es sich nicht nur um gegenwärtige und potentielle Investoren, sondern auch um Arbeitnehmer, Lieferanten, Kreditgeber und Kunden sowie Institutionen von Regierungen und die Öffentlichkeit. Gleichwohl wird im Framework darauf hingewiesen, dass ein Abschluss nach IFRS nicht allen unterschiedlichen Informationsbedürfnissen der

---

[108] Vgl. Coenenberg, A.G., Haller, A., Schulte, W., (2009), S. 51; Buchholz, R., Internationale Rechnungslegung, (2009), S. 6 ff.
[109] Vgl. Hoffmann, W.-D., Lüdenbach, N., IAS/IFRS 2010/2011, Rahmenkonzepte Nr. 12, Herne 2010; Baetge, J. Kirsch, H.-J., Thiele, S., (2011), S. 142

verschiedenen Interessenten gerecht werden kann. Daher konzentriert sich die IAS/IFRS Rechnungslegung vorwiegend auf die Informationsbedürfnisse der Kapitalgeber bzw. seit der Überarbeitung in 2010 auch auf die Informationsbedürfnisse von Fremdkapitalgebern. Der IFRS Abschluss soll den Interessenten einen Einblick darüber geben, welche Einzahlungsüberschüsse in der Zukunft in Form von künftigen Dividenden und Zinsen zu erwarten sind und welche Auszahlungen in Form von Tilgung von Schulden oder geleisteter Einlagen zur Rückerstattung anfallen.[110]

5.2 Zusammenfassung und Segmentierung langfristiger Fertigungsaufträge

Die Gewinnrealisierung nach dem Fertigstellungsgrad wird grundsätzlich auf jeden Fertigungsauftrag einzeln angewendet. Allerdings kann es auch notwendig sein, einzelne Aufträge zu segmentieren bzw. sie als Gruppe zusammenzufassen (IAS 11.7). Wenn ein Fertigungsauftrag aus mehreren Einzelleistungen besteht, so ist jede Einzelleistung als einzelner Auftrag zu behandeln, wenn die in IAS 11.8 genannten Kriterien kumulativ erfüllt werden. Danach muss für jede Einzelleistung eine getrennte Ausschreibung vorgenommen worden sein. Außerdem muss über jede Einzelleistung eine separate Verhandlung geführt worden sein und sowohl der Auftragnehmer als auch der Auftraggeber können einzelne Vertragsbestandteile der Fertigung ablehnen oder akzeptieren. Die Erlöse und die Kosten jeder einzelnen Leistung können getrennt ermittelt werden. Handelt es sich dagegen um eine Gruppe von Verträgen mit einem einzelnen oder mehreren Kunden, so wird dieser wie ein Vertrag behandelt, wenn folgende kumulative Bedingungen erfüllt sind. Die Gruppe von Verträgen wird wie ein Paket behandelt und die Verträge sind so eng miteinander verbunden, dass sie ein Teil eines einzelnen Projektes sind mit einer Gesamtgewinnmarge. Die Verträge werden gleichzeitig oder unmittelbar aufeinanderfolgend vom Auftragnehmer erfüllt.

Können die genannten Voraussetzungen für die Segmentierung bzw. Zusammenfassung von Fertigungsaufträgen nicht erfüllt werden, so muss er als eigenständiger Auftrag angesehen werden.

Ein Vertrag kann auf Wunsch des Kunden um einen Folgeauftrag ergänzt werden oder einen Folgenauftrag beinhalten. Dieser Folgeauftrag ist dann als ein getrennter Vertrag zu

---

[110] Vgl. Baetge, J. Kirsch, H.-J., Thiele, S, (2011), S. 143

behandeln, wenn die Leistungen des Vertrages sich im Bezug auf Design, Technologie oder Funktion wesentlich von dem ursprünglichen Vertrag unterscheiden oder die Preisverhandlungen losgelöst von den ursprünglichen Verhandlungen geführt werden.[111]

5.3   Bilanzansatz der langfristigen Fertigungsaufträge nach IAS/IFRS

Für die Darstellung eines Geschäftsvorfalls, in diesem Fall hier ein Vorfall der langfristigen Auftragsfertigung, kommt es bei IFRS nicht auf den Eintritt „irgendeiner wirtschaftlichen nicht relevanten Realisierungsbedingung an, sondern auf die eigene Auftragsabwicklung".[112] Der JA nach IFRS hat keine Zahlungsbemessungsfunktion wie der Jahresabschluss nach Handels- oder Steuerrecht und er kennt auch kein Maßgeblichkeitsprinzip der Handelsbilanz für die Steuerbilanz. Die Basisannahme für den Abschluss nach IFRS ist die periodengerechte Erfolgsermittlung (accrual principle) nach Rk. 22 und die Unternehmensfortführung (going concern) nach Rk. 23. Das bedeutet, dass der Erfolg von Geschäftsvorfällen in der Periode erfasst wird, in der sie auftreten und nicht in den Perioden, in denen sich Zahlungseingänge oder Zahlungsausgänge ergeben.[113] Gemäß dem accrual principle nach IAS 1.26 werden Geschäftsvorfälle erfasst wenn sie auftreten. Eine antizipative Rechnungsabgrenzung wie im Handelsrecht kennt IAS nicht, ebenso nicht das Imparitätsprinzip, das Aufwendungen früher als Erträge berücksichtigt. Die Unternehmensfortführung beinhaltet die Forderung, dass der IFRS Abschluss unter der Annahme erstellt wird, dass das Unternehmen für einen absehbaren Zeitraum weiterbesteht und dieser Zeitraum nach IAS 1 mindestens 12 Monate nach dem Bilanzstichtag umfasst. Auf diesen Basisannahmen kann die langfristige Fertigung mit Hilfe der Percentage of Completion Methode im IFRS Abschluss früher als nach Handels- oder Steuerrecht dargestellt und ausgewiesen werden.

---

[111] Vgl. KPMG, International Financial Reporting Standards, Stuttgart 2007, Punkt 3.3.1.4.4.1, S.81;
    Lüdenbach, N., Hoffmann, W.-D., (2010/11), IAS 11.10, S. 96
[112] Vgl. Selchert, F., Lorchheim, U, (1998), S. 16
[113] Vgl. Buchholz, R, (2009), S.37 ff.

5.4 Methoden der Gewinnrealisierung nach IAS/IFRS

5.4.1 Eintritt der Gewinnrealisierung bei langfristigen Auftragsfertigung nach IAS/IFRS

Die Vorschriften des IAS 11 beschäftigen sich mit der Bilanzierung der langfristigen Auftragsfertigung. Bis zum Dezember 1993 bestand diesbezüglich ein Wahlrecht, was die Bilanzierung anbelangte. So wurde neben der Percentage of Completion-Methode auch die Completed of Contract- Methode zugelassen. Am 01.01.1995 trat dann allerdings der überarbeitete Standard IAS 11 in Kraft, nachdem allein die Poc-Methode als zulässig erachtet wird. Hierbei werden die Gewinne, die aus einer langfristigen Auftragsfertigung entstehen, gemäß ihrem Fertigstellungsgrad anteilig auf die jeweiligen Rechnungsperioden verteilt,[114] d.h. es kommt zu einer anteiligen Gewinnrealisierung.

5.4.2 Die Percentage of Completion Methode

Bei der Poc-Methode kommt das Realisationsprinzip in einer „milderen" Version zur Anwendung und das Vorsichtsprinzip tritt dabei in den Hintergrund. Die Poc-Methode wird international angewendet und ist für Anteilseigner einer Unternehmung besonders geeignet.[115] Die Problematik bei der langfristigen Auftragsfertigung ist die Zuordnung von Aufwendungen und Erträgen zu den einzelnen Rechnungsperioden. Die Voraussetzung zur Anwendung der Poc-Methode ist dabei, dass das Ergebnis des Fertigungsauftrages verlässlich geschätzt werden kann. Abhängig vom jeweiligen Vertragstyp müssen verschiedene kumulative Bedingungen hierbei erfüllt werden. Werden die Anwendungsvoraussetzungen erfüllt, so ist die Gewinnrealisierung nach dem Fertigstellungsgrad verpflichtend anzuwenden.[116] Gemäß IAS 11.23 müssen im Fall von Festpreisverträgen folgende Bedingungen erfüllt werden:

- Die gesamten Auftragserlöse müssen zuverlässig ermittelt werden können.
- Es muss wahrscheinlich sein, dass der wirtschaftliche Nutzen aus dem Vertrag dem Unternehmen zufließen wird.

[114] Vgl. Hoffmann, W.-D., Lüdenbach, N., (2010/2011), IAS 11.2, S. 95; Mansch, H.(2002), Tz. 1450
[115] Vgl. Buchholz, R., (2009), S. 159; Coenenberg, A.G., Haller, A., Schulte, W., (2009), S. 230
[116] Vgl. Hoffmann, W.-D., Lüdenbach, N, (2010/2011), IAS 11.22, S. 99; KPMG, International Financial Reporting Standards, Stuttgart 2007, S.80

- Zum Bilanzstichtag können sowohl die noch anfallenden Kosten zur Vertragserfüllung, als auch der Grad der Fertigstellung des Projektes zuverlässig gemessen werden.

- Die auf die langfristige Auftragsfertigung fallenden Gesamtkosten sind eindeutig ermittel- und bestimmbar, sodass die bis dato entstandenen Istkosten mit den geplanten Sollkosten vergleichbar sind.[117]

Handelt es sich um einen Kostenzuschlagsvertrag, sind gemäß IAS 11.24 folgende Voraussetzungen zu erfüllen:

- Es ist wahrscheinlich, dass der wirtschaftliche Nutzen aus dem Fertigungsauftrag der Unternehmung zufließen wird.

- Die Gesamtkosten aus der langfristigen Auftragsfertigung können zuverlässig gemessen werden und sie sind eindeutig bestimmbar.[118]

Es ist auch möglich, dass ein Vertrag Merkmale beider Vertragsarten aufweist, z.B. ein Kostenzuschlagsvertrag mit einem vereinbarten Höchstpreis.[119] Dann sind gemäß IAS 11.6 alle Bedingungen aus den Paragraphen 23 und 24 zu prüfen, um zu bestimmen wann die Auftragsaufwendungen und Erlöse realisiert werden.[120] Im Ergebnis lässt sich feststellen, dass an sog. Mischverträge die gleichen strengen Bedingungen gestellt werden, die auch auf Festpreisverträge anzuwenden sind.

Eine Unternehmung kann im Regelfall eine verlässliche Schätzung vornehmen, wenn folgende Voraussetzungen erfüllt werden:

- Aufgrund des abgeschlossenen Vertrages besitzt jede Vertragspartei durchsetzbare Rechte und Pflichten und die Art der zu erbringenden Leistung und Gegenleistung ist vertraglich festlegt.

- Der Auftragnehmer muss über ein internes Budgetierungs- und Berichterstattungssystem verfügen.

---

[117] Vgl. Lüdenbach, N., Hoffmann, W.-D., IFRS Kommentar, Freiburg 2010, § 18 Fertigungsaufträge, S. 815, Tz. 23; Marx., F.M, Löffler, C., (2000), Tz. 109, S. 33; Buhleier, C., (1997), S. 146
[118] Vgl. Ballwieser, W., Beine, F.,Hayn, S., Peemöller, V.H., Schruff, L., Weber, C.-P., Handbuch International Financial Reporting Standards 2011, Freiburg 2011, Abschnitt 9, Tz. 157, S. 359
[119] Vgl. Beatge, J., Kirsch, H.-J., Thiele, S., (2011), S. 377
[120] Vgl. Pellens, B., Füllbier, R.U., Gassen, J., Selhorn, T., (2007), S. 386

- Der Auftragnehmer muss regelmäßig die Auftragskosten und Auftragserlöse sowie den Fertigstellungsgrad überprüfen und diese ggf. anpassen.[121]

Können die Voraussetzungen für die Bilanzierung der Auftragserlöse und Aufwendungen gemäß IAS 11.11-24 nicht erfüllt werden, muss die Zero-Profit-Margin-Methode angewendet werden (auch modifizierte Completed-Contract-Methode genannt).

> Sind die Voraussetzungen für die Bilanzierung der Auftragskosten und Auftragserlöse (IAS 11.22-24) nach der Percentage-of-Completion-Methode erfüllt?

 **Ja** 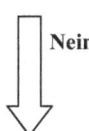 **Nein**

Anwendung der Poc-Methode	**Anwendung der Zero-Profit-Margin-Methode:**
Gewinnerwartung: Erfassung der Auftragserlöse und Kosten nach dem Fertigstellungsgrad. Verlusterwartung: Ausweisende Verluste in voller Höhe.	Gewinnerwartung: Erfassung der angefallenen Auftragskosten, Erfassung von Erlösen in gleicher Höhe Verlusterwartung: Ausweis der Verluste in voller Höhe

Abbildung 4: Verfahren der Gewinnrealisierung nach IAS 11
(Quelle: in Anlehnung an Pellens, B, Füllbier, R.U., Gassen, J., Selhorn, T., (2007), S. 388)

5.4.3 Die Zero-Profit-Margin-Methode

Wenn das Ergebnis eines Fertigungsauftrages nicht verlässlich geschätzt werden kann, so muss gemäß IAS 11.32 – 33 eine Erlösrealisation in Höhe der bereits angefallenen und durch Erträge wahrscheinlich gedeckten Kosten vorgenommen werden.[122] Sie ähnelt der CCM nach HGB, aber der Unterschied ist, dass die Umsatzerlöse bereits während der Vertragsabwicklung ausgewiesen werden und zwar in Höhe der gedeckten Auftragskosten und nicht erst nach Fertigstellung und Abnahme des Werkes (Gefahrenübergang). Analog

---

[121] Vgl. Heuser, P., Theile, C., Pawelzik, U., (2007), Tz. 1721, S. 279; KPMG, (2007), IAS 11, Punkt 3.3.1.4.4.5, S. 85; Hoffmann, W.-D., Lüdenbach, N., (2010/11), IAS 11.29, S. 100
[122] Vgl. Pellens, B., Füllbier, R.U., Gassen, J., Selhorn, T., (2007), S. 398

zu der Gewinnrealisierung nach dem Fertigstellungsgrad werden Verluste vollständig als Aufwand erfasst und zwar in der Periode, in der sie erstmalig auftreten.[123]

5.4.4 Bestimmung der Erlöse und Aufwendungen

5.4.4.1 Bestimmung der Auftragserlöse

Bei den Auftragserlösen handelt es sich um den Betrag, den der Auftragnehmer wegen Erfüllung seiner Leistungspflicht als Vergütungsanspruch i. d. R. vom Auftraggeber erhält. Gemäß IAS 11 bestimmt sich die Höhe des Erlöses nach dem im Vertrag vereinbarten Preis.[124] Handelt es sich um einen Festpreisvertrag, so entspricht der Auftragserlös dem fix vereinbarten Entgelt. Das IASC warnt allerdings davor, dass die Auftragserlöse vor Vertragsabschluss noch von einer Reihe von Umständen beeinflusst werden können, die eventuell die Erlösschätzungen erheblich erschweren.[125] Allerdings verlangt IAS 11 sehr hohe zuverlässige Schätzungen, nicht nur was Erlösschmälerungen anbelangt, sondern auch gegenüber Erlöserhöhungen (Mehrerlöse). Im Bezug auf die Schätzung soll vorsichtig und nach kaufmännischer Vernunft bewertet werden, damit der Ausweis in der Bilanz nicht zu hoch oder zu niedrig erfolgt, um das Periodenergebnis darzulegen. Gründe für Abweichungen der Erlösschätzungen können sein, dass der Auftraggeber Änderungen wünscht, die vom ursprünglich vereinbarten Leistungsziel abweichen oder dass Ansprüche des Auftragnehmers gegenüber dem Auftraggeber aufgrund von Kostensteigerungen entstehen. Neben einer Vergütung wegen Erfüllens oder Übertreffens der Leistung kann es aber auch Konventionalstrafen wegen einer Überschreitung des Liefertermins geben, es sei denn im Fall von Kostensteigerungen wurden wirksame Kostengleitklauseln integriert. Die Schätzung der Auftragserlöse muss jedes Jahr zum Ende eines Geschäftsjahres erneut vorgenommen werden.

Gemäß IAS 11.11-15 setzen sich die Auftragserlöse wie folgt zusammen:

> Vertraglich vereinbarter Preis

+/-   zuzüglich oder abzüglich Preisänderungen, die aufgrund von nachträglichen
>   Veränderungen zur ursprünglichen Leistung entstehen

---

[123] Vgl. Heuser, P, Theile, C, Pawelzik, U., IFRS Handbuch, Köln 2007, S. 274, Tz. 1713
[124] Vgl. Kümpel, T., Vorratsbewertung und Auftragsfertigung nach IFRS, München 2005, S. 139
[125] Vgl. Selchert,F.W., Lorchheim, U., (1998), S. 45

+ Nachforderungen, die entstanden sind weil der Auftraggeber sein Verhalten zum ursprünglich vereinbarten Leistung verändert hat

+ Gratifikationen die wegen Erreichens oder Überschreitens von bestimmten Leistungsanforderungen entstehen

- Abzüglich eventueller Vertragsstrafen

= **Auftragserlöse**[126]

Abbildung 5:
in Anlehnung an Pellens B., Füllbier, R.U., Gassen, J., Selhorn, T., (2007), S. 387

5.4.4.2 Schätzung der Auftragskosten

IAS 11 fordert, dass bei Festpreisverträgen die gesamten Kosten aus der Auftragstätigkeit bis zur Endabwicklung des jeweiligen Auftrages zuverlässig ermittelt werden können. Dabei handelt es sich nicht um die Kosten der Angebotsabgabe, Kosten des Vertragsabschlusses oder Kosten, die durch den Fertigungsbeginn entstehen, sondern um die Kosten, welche auf Grundlagen von Kenntnissen am Bilanzstichtag für den Fertigungsauftrag geschätzt werden. Die angefallenen Istkosten beeinflussen dabei maßgeblich die Ermittlung der Gesamtkosten zum Bilanzstichtag. Daher fordert IAS 11 eine eindeutige Bestimmung der ermittelten Sollkosten, die durch den Auftrag entstehen und dazu eine genaue und verlässliche Ermittlung der Istkosten sowie darüber hinaus ein Vergleich der Istkosten mit den zuvor ermittelten Sollkosten.[127]

5.4.4.3 Bestandteile von Auftragskosten

Zu den direkten Kosten zählen u.a. die Materialeinzelkosten, die Fertigungseinzelkosten, die Sondereinzelkosten der Fertigung und die Abschreibungen auf die eingesetzten Anlagen und Maschinen.[128] Zu den indirekten Kosten zählen die Materialgemeinkosten, die Fertigungsgemeinkosten und auch die Versicherungsprämien. Die Herstellungskosten-

---

[126] Vgl. Pellens B., Füllbier, R.U., Gassen, J., Selhorn, T., (2007), S. 387
[127] Vgl. Selchert, F.W., Lorchheim, U., (1998), S. 50,IAS/IFRS, (2010/2011), IAS 11. 23 c
[128] Vgl. Hoffmann, W.-D., Lüdenbach, N., (2010/2011), IAS 11.17, S. 98

bestandteile nach IFRS entsprechen einem Vollkostenansatz, siehe auch Tabelle in Punkt 3.3.2.

Darüber hinaus dürfen auch Fremdkapitalzinsen aktiviert werden, die mit der Herstellung des Werkes direkt in Verbindung stehen. Unter der Berücksichtigung von IAS 23 wird bei einem langfristigen Fertigungsauftrag ein Asset, also ein qualifizierter Vermögensgegenstand hergestellt, sodass gemäß IAS 23 die Fremdkapitalzinsen als Teil der Herstellungskosten aktiviert werden.[129] Im Ergebnis lässt sich feststellen, dass zu den Auftragskosten gemäß IAS 11 alle direkt und indirekt zusammenhängenden Kosten berücksichtigt werden, die im Zeitraum zwischen dem Vertragsabschluss und der Beendigung des Fertigungsauftrages entstehen. Die Kosen der Auftragserlangung und der Auftragsvorbereitung gehören, wenn sie auf jeden Auftrag getrennt und zuverlässig festgestellt werden können, ebenfalls zu den zurechenbaren Kosten, soweit tatsächlich damit gerechnet werden kann, dass das Unternehmen den Auftrag erhält. Konnte mit der Auftragserlangung nicht gerechnet werden und wurden diese Kosten als Aufwand der Periode erfasst, so dürfen sie nicht in einer späteren Periode, wenn es doch zur Auftragserteilung kommt, als nachträgliche Auftragskosten erfasst werden. Die Kosten des Vertragsabschluss stellen aber unzweifelhaft Auftragskosten dar, wenn es in der gleichen Geschäftsperiode, in der sie entstanden sind, zum Auftragsabschluss kommt. Alle Auftragskosten, die nicht im Zusammenhang mit dem Fertigungsauftrag entstehen bzw. nicht mit einem Verteilungsschlüssel zuzurechnen sind, dürfen gemäß IAS 11 auch nicht berücksichtigt werden. Verboten ist es die Kosten der allgemeinen Verwaltung oder die Kosten für soziale Einrichtungen des Betriebes zu aktivieren. Darüber hinaus dürfen keine Forschungs- und Vertriebskosten aktiviert werden. Einzelkosten des Vertriebes dürfen wiederum aktiviert werden, wenn sie auf den Einzelauftrag direkt zurechenbar und ermittelbar sind.[130] Wie in Kapitel 2 bereits erwähnt wurde, findet bei der langfristigen Fertigung der Phasenablauf von Produktion und Absatz genau umgekehrt statt, sodass Vertriebskosten bereits vor dem Herstellungsprozess bzw. auch bereits während der Akquisitionsphase entstehen. Allerdings muss es wahrscheinlich sein, dass es zum Vertragsabschluss kommt, um die Einzelkosten des Vertriebes zu berücksichtigen

---

[129] Vgl. Heuser, P., Theile, C., Pawelezik, K.U.,(2007), Tz. 1142, S. 153
[130] Vgl. Beckscher Bilanzkommentar´, (2012), § 255, Tz. 345, S. 638; Lüdenbach, N., Hoffmann, W.-D., (2010), § 18, Tz. 64, S.833; Heuser, P., Theile, C., Pawelezik, K.U.,(2007), Tz. 1724, S. 281

Die Auftragskosten ermitteln sich gemäß IAS 11.16:

Kosten, die sich direkt aus dem Vertrag ermitteln bzw. zuordnen lassen

+ allgemeine und indirekte Kosten (Gemeinkosten)

+ sonstige Kosten die entstehen und dem Auftraggeber gesondert in Rechnung gestellt werden können

= **Auftragskosten**

5.4.5 Bestimmung des Fertigstellungsgrades

Wurden die Voraussetzungen für die Bilanzierung nach der Poc-Methode erfüllt, so kann der zu erwartende Gesamterfolg nach dem Fertigstellungsgrad auf die Perioden der langfristigen Auftragsfertigung verteilt werden.

IFRS schreibt kein bestimmtes Verfahren vor, um den Fertigstellungsgrad zu bestimmen. Allerdings gibt IAS 11.30 Hinweise auf mögliche Verfahren.[131] Dabei wird zwischen input-orientierten und output-orientierten Verfahren unterschieden. Beim input-orientierten Verfahren wird der Fertigstellungsgrad indirekt ermittelt, indem eine proportionale Beziehung zwischen der Menge des Einsatzverbrauches und dem Fertigungsfortschritt unterstellt wird. [132]Zu den input-orientierten Verfahren zählen als zulässige Methode die Efforts-expended-Methode sowie die Cost-to-Cost-Methode. Bei der Efforts-expended-Methode wird auf das Verhältnis zwischen der erbrachten Leistung zu der geschätzten Gesamtleistung abgezielt. Der Gewinn eines Fertigungsauftrages nach der Efforts-expended-Methode ergibt sich nicht aus den Kosten des Verbrauches von Materialien, sondern durch den notwendigen zeitlichen Input. D.h., es werden z. B die Betriebsstunden, Arbeitsstunden oder Maschinenstunden ins Verhältnis zur Gesamtzeit gesetzt. Mit folgender Formel lässt sich der Fertigstellungsgrad bestimmen:

---

[131] Vgl. Heyd, R., Internationale Rechnungslegung, Stuttgart 2003, S. 336
[132] Vgl. Kümpel, T., (2005), S. 145

$$\text{FSG} = \frac{\textbf{bisher geleistete Arbeitsstunden, Tage, etc.}}{\textbf{geschätzte Gesamtarbeitszeit in Stunden, Tagen etc.}} \times 100$$

(Formel in Anlehnung an KPMG, IFRS, IAS 11, Punkt 3.3.1.4.4.4, S. 84

Vgl. Kümpel, T., (2005), S.145

Diese Methode ist allerdings nur bei einer zeitintensiven Fertigung sinnvoll. Material-kosten spielen hier in keinerlei Form eine Rolle, in der industriellen Praxis kommt diese daher kaum vor. Allerdings kommt sie bei Software- und Organisationsprojekten zur Anwendung.

In der Praxis dominiert die Cost-to-Cost-Methode. Hierbei wird der Gesamterfolg im Verhältnis zu den anfallenden Kosten auf die Perioden der Fertigstellung verteilt.[133] Dieses entspricht voll und ganz dem „matching principle"

$$\begin{array}{c}\textbf{FSG} \\ \textbf{(Fertigstellunggrad in Prozent)}\end{array} = \frac{\textbf{kumulierte Auftragskosten}}{\textbf{geschätzte Gesamtauftragskosten}} \times 100$$

(Formel in Anlehnung an KPMG, IFRS, IAS 11, Punkt 3.3.1.4.4.4, S. 84,

Vgl. Kümpel, T., 2005, S. 146)

Bei der Cost-to-Cost-Methode wird im ersten Schritt die Bestimmung des Fertigstellungs-grades mit der oben genannten Formel ermittelt und im zweiten Schritt mit Hilfe des Fertigstellungsgrades der Teilgewinn der Periode. [134]

Gemäß IAA 11.31 dürfen aber nur die Kosten angesetzt werden, die tatsächlich im Sinne der Kostenrechnung zu einem Verbrauch geführt haben. Materialen, die zwar gekauft wurden, aber nicht in die Produktion mit eingeflossen sind, dürfen genauso wenig an-gesetzt werden, wie bereits bezahlte, aber von Subunternehmern noch nicht erbrachte Leistungen. Problematisch ist es allerdings, wenn es sich um selbst hergestellte Werkstoffe

---

[133] Vgl. Buhleier, C., (1997), S. 145
[134] Vgl. Selchert, F.W., Lorchheim, U., (1998), S., 63

handelt, die dann auf Grund der Kostenrechnung bei der Herstellung des Werkstoffes bereits verbraucht wurden. Daher unterscheidet IAS 11.31a wie folgt:

- Speziell bzw. spezifisch für den Auftrag hergestellte Materialien, Komponenten etc., die mit ihrer Erstellung in den Fertigungsauftrag eingehen und
- auftragsunabhängige hergestellte normierte Komponenten oder angeschaffte Teile, die erst Berücksichtigt werden, wenn sie eingesetzt oder eingebaut werden.[135]

Neben den input-orientierten Methoden gibt es noch die output-orientierten Methoden, die Units-of-Delivery-Methode, die Meilensteinmethode und die physische Teilleistung. Bei der Units-of-Delivery-Methode wird das Verhältnis der erbrachten Leistung zur Gesamtleistung bemessen. Bei einer gleichmäßigen Leistungsart über den gesamten Auftragszeitraum, wie z.b. das Asphaltieren von Straßen, scheint diese Methode einfach anzuwenden zu sein (asphaltierte Kilometer/Gesamtkilometer). Allerdings fehlt es bei näherer Betrachtung bei dieser Methode an einer linearen Beziehung zum Ergebnis. Beim Tunnelbau oder auch beim Hochbau reicht diese Methode nicht, um zu einem Ergebnis zu kommen. Vielmehr muss eine einfache Mengenbetrachtung erfolgen. Als Gewichtungsfaktoren können zum Einem die Kosten oder auch die Arbeitsstunden berücksichtigt werden. Bei diesen output-orientieten Verfahren muss daher auf Erfahrungswerte zurückgegriffen werden, wie z.B. bei einem Rohbau in Prozent vom schlüsselfertigen Gesamtbau. Allerdings kommen die Erfahrungsrelationen nicht ohne einen Blick auf die Kosten aus. Eine Anlage lässt sich im Bezug auf die Gesamtfunktion nicht in unabhängige Teile aufspalten, daher kommt dann die Meilensteinmethode zur Anwendung (hier wird das Gesamtprojekt in abgrenzbare und selbständig abrechenbare Teilprojekte eingeteilt).[136] Daneben gibt es noch die Methode der physischen Teilleistungen. Beim Bau z.B. einer Brücke wäre der Brückenpfeiler eine physische Teilleistung. Diese Methode ist allerdings sehr kostenintensiv, da hier die physische Teilleistung von Ingenieuren und/oder. Architekten beurteilt werden muss, um einen Fertigstellungsgrad zu bestimmen, sofern ein physischer Baufortschritt überhaupt messbar und erkennbar ist. Je nach Vertragsausgestaltung soll die Methode gewählt werden, mit deren Hilfe der Fertigstellungsgrad am zuverlässigsten ermittelt werden kann. Egal welche Methode gewählt wird, es gilt gemäß IAS das Stetigkeitsgebot. D. h., eine einmal gewählte Bilanzierungs- und Bewertungsmethode ist über die Perioden der langfristigen Fertigung beizubehalten. Eine Durchbrechung der Stetigkeit

---

[135] Vgl. Lüdenbach, N, Hoffmann, W.-D., (2010), IAS 18, Tz. 33, S. 818
[136] Vgl. Heyd, R., (2003), S. 334

kommt nur in Betracht, wenn ein anderes Verfahren zu einer zuverlässigeren Bestimmung des Fertigstellungsgrades führt.

Die folgende Abbildung stellt die angesprochenen Verfahren, die zur Ermittlung des Fertigstellungsgrades angewandt werden können nochmals dar:

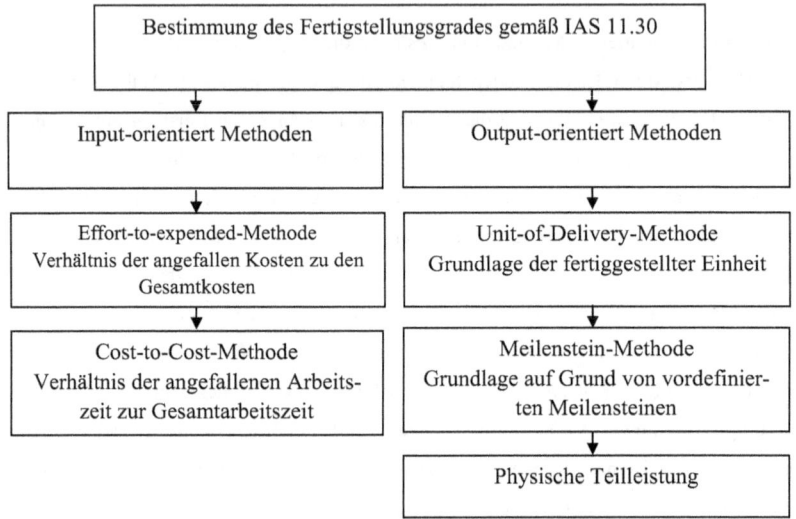

Abbildung 6:
In Anlehnung an Lüdenbach, N., Hoffmann, W.-D., (2010), IAS 18, Tz. 29, S. 816

5.5. Veränderungen von Schätzungen

Die Poc-Methode basiert auf zukünftigen Schätzungen der Gesamterlöse, der Gesamtkosten und des Fertigstellungsgrades. Allerdings können sich Schätzungsänderungen aufgrund von neuen Informationen im Bezug auf den Zeitablauf der Auftragsdurchführung ergeben. Das hat dann zur Folge, dass die Schätzungen der Gesamtauftragskosten, der Gesamtauftragserlöse und des Fertigstellungsgrades von den ursprünglichen Schätzungen abweichen und korrigiert werden müssen. IAS 11.38 bestimmt hierzu das Cumulative-catch-up-Verfahren, wonach die Änderungen der Schätzdaten innerhalb der Periode erfasst werden, in der sie bekannt werden und in die folgenden Perioden der Auftragsdurchführung ebenfalls einfließen. Der Vorteil dieser Methode ist, dass die Schätzungsänderungen für die Vergangenheit hiermit vollständig angepasst bzw. korrigiert werden und zwar kumulativ.[137] Damit entspricht das Ergebnis dem Ergebnis, das sich ergeben hätte, wenn die bereits neu bekannt gewordenen Erkenntnisse bereits bei Beginn des Auftrages vorgelegen hätten. Darüber hinaus schreibt IAS 8.23 vor, dass Schätzungsänderungen unbedingt in der Periode zu berücksichtigen sind, in der sie auftreten. [138] Die Cumulative-Catch-up-Methode entspricht dem Vorsichtsgedanken, auch wenn bereits kleinere Korrekturen der Schätzungsänderung sich geballter in der Periode auswirken, als bei der amerikanischen Reallocation- Methode. Hier werden die aufgetretenen Schätzungsänderungen auf die restliche Laufzeit der Auftragsabwicklung verteilt. Bei der Cumulative-Catch- up-Methode spiegelt sich die Korrektur der Schätzungsänderung der gesamten Aufwendungen komplett im Teilgewinn der nächsten Periode wieder. Bei der Reallocation- Methode hingegen führt eine Überschätzung des Teilgewinnes nicht zu einer geballten Korrektur am nächsten Bilanzstichtag, sondern verteilt auf die Dauer der Auftragsabwicklung. Das führt dazu, dass bei dieser Methode meist der Teilgewinn im Falle von immer höher erwarteten Gesamtkosten während der Auftragsdurchführung insgesamt höher ausfällt als bei Cumulative-Catch- up-Methode.[139]

5.6.   Behandlung von Verlusten

Haben die laufenden Schätzungen ergeben, dass die voraussichtlichen Gesamtkosten nicht durch die wahrscheinlichen Gesamterlöse gedeckt werden können, so müssen die zu erwartenden Verluste sofort Aufwandswirksam erfasst werden.[140] Gemäß IAS 11.36 sind sie sofort in der Periode zu erfassen in der die Schätzungsänderung von den ursprünglichen Schätzungen abweicht und nicht erst wenn sie auftreten. Dabei wird die Höhe eines solchen Verlustes unabhängig davon bestimmt ob mit der Auftragsfertigung bereits begonnen wurde oder welcher Fertigstellungsgrad bis dato erreicht wurde. Darüber hinaus sind die Verluste unabhängig von anderen Aufträgen zu erfassen, auch wenn aus den anderen Aufträgen Gewinne zu erwarten sind.[141] Für die Verlustbehandlung kommt es nicht darauf an, ob die Poc- Methode zur Messung des Leistungsfortschrittes angewandt

---

[137] Vgl. Kümpel, T., (2005), S. 150
[138] Vgl. Hoffmann, W.-D., Lüdenbach, N., (2010/11), IAS 8.23 ff., S. 77
[139] Vgl. Kümpel., T., (2005), S. 153
[140] Vgl. KPMG, (2007), Punkt 3.3.1.4.5, S. 85
[141] Vgl. Hoffmann, W.-D., Lüdenbach, N., (2010/11), IAS 11.37, S. 101

wurde oder die zero-profit-margin-Methode.[142] Gemäß dem Einzelbewertungsgrundsatz ist eine Saldierung mit erwarteten Gewinnen aus anderen Aufträgen nicht erlaubt. Das bedeutet gemäß IAS 11 eine sofortige Verlustberücksichtigung. Ein Verlusteintritt ist als wahrscheinlich anzusehen, wenn mit mehr als 50% des Eintrittes gerechnet werden muss. IAS 11.34 zählt hierzu einige Beispiele auf wann es als wahrscheinlich anzusehen ist, dass eine Deckung der Auftragskosten nicht gegeben ist. Folglich können bei folgenden Verträgen Verluste entstehen:

- Da die Gültigkeit des Vertrages nicht sichergestellt ist, werden die Ansprüche aus dem Vertrag wahrscheinlich nicht im vollen Umfang durchsetzbar sein.

- Von einem schwebenden Prozess oder auch einem laufenden Gesetzgebungsverfahren ist die Fertigstellung des Auftrages abhängig.

- Mit dem Auftrag in Verbindung stehende Vermögensgüter können beschlagnahmt oder enteignet werden.

- Die Ansprüche des Auftragnehmers können nicht oder nicht in voller Höhe durchgesetzt werden, weil der Kunde seinen Verpflichtungen nicht nachkommen kann.

- Der Auftragnehmer ist nicht in der Lage seinen vertraglichen Pflichten nachzukommen, bestimmte Vereinbarungen einzuhalten oder das Projekt zu vollenden.[143]

Es sind sämtliche Kostenarten bei der Berechnung des Verlustes zu Berücksichtigen, die als Bestandteile in die Fertigungskosten des Auftrages eingegangen sind. Darüber hinaus sind in die Auftragserlöse potenzielle Vertragspreisveränderungen mit einzubeziehen. Zukünftige Preis- und Lohnentwicklungen müssen bei der Verlustschätzung ebenso berücksichtigt werden, wie bereits eingeleitete Maßnahmen, um dem Verlust entgegen zu steuern. Die Höhe des Verlustes in der Berichtsperiode wird maßgeblich davon beeinflusst, ob zuvor bereits Teilgewinne oder Verluste erfasst wurden. Für die in den Perioden bereits gebuchten Teilgewinne kumuliert sich so der negative Ergebniseffekt bei verlustträchtigen Aufträgen. In der Bilanz werden die Auftragsverluste in einem speziellen Sammelposten „Fertigungsaufträge mit aktivischen/passivischen Saldo gegenüber Kunden" dargestellt. Die Verlustberücksichtigung ist mit in die Auftragskosten des Fertigungsauftrages innerhalb der G u V einzubeziehen. Es ist eine Rückstellung zu bilden, wenn sich vor Fertigungsbeginn ein Auftragsverlust abzeichnet.

---

[142] Vgl. Kümpel, T., (2005), S. 158
[143] ebenda

5.7 Ausweis der Fertigungsaufträge im Jahresabschluss

5.7.1 Ausweis in der Bilanz

Während im Handelsrecht der Fertigungsauftrag zu Herstellkosten aktiviert wird, werden nach IFRS die bis zum Abschlussstichtag anfallenden aktivierbaren Kosten unter Hinzurechnung anteiliger Gewinne, abzüglich der ausgewiesenen Verluste und unter Berücksichtigung von geleisteten Teilabrechnungen des Auftraggebers bilanziert. Der Ausweis in der Bilanz ist abhängig von dem Saldo, der sich aus den mit dem Kunden abrechenbaren Leistungen ergibt und so entweder ein positives oder negatives Vorzeichen ausweist.[144] Der positive Saldo, der sich aus angefallenen Kosten und den Teilgewinnen, abzüglich der zu berücksichtigen Verlusten und Teilabrechnungen ergibt, ist als „Fertigungsauftrag mit aktivischen Saldo gegenüber Kunden" auf der aktiv Seite der Bilanz und damit als Vermögenswert auszuweisen.[145] IAS 11 trifft allerdings zur Bilanzposition keine Aussage.[146] Die herrschende Meinung hält die Position „Forderung" für angemessen,[147] da während der Auftragsdurchführung von Fertigungsaufträgen bereits Umsätze und damit einhergehend Teilgewinne realisiert werden. Eine Minderheit hält die Position „Vorräte" für angezeigt. Das würde allerdings dazu führen, dass Gewinne innerhalb der Bilanzposition „Vorräte" ausgewiesen würden und kein Jahresabschlussadressat würde hier Gewinne vermuten. Daher präferiert die h. M. im Schrifttum, als auch in der Bilanzierungspraxis den Ausweis unter „Forderungen". Der IDW schlägt vor, die Bilanzposition „künftige Forderungen aus Fertigungsaufträgen" zu nennen, um sie von den allgemeinen Forderungen abzugrenzen, da der Rechtsanspruch aus den allgemeinen Forderungen aufgrund des Überganges der Preisgefahr (der Gefahrenübergang tritt nicht erst mit Abnahmen des Auftraggebers ein) einen bereits rechtlichen Anspruch darstellt. IAS 11.42(a) fordert über dies den gesonderten Ausweis in der Bilanz oder im Anhang. Kommt es allerdings zu einem negativen Saldo, der sich aus den angefallen Kosten und den ausgewiesen Gewinnen, abzüglich der angefallnen Verluste und Teilabrechnungen ergibt, ist dieser auf der passiv Seite der Bilanz als Schuld bzw. Verbindlichkeit mit der Bezeichnung „Fertigungsaufträge mit passivischen Saldo gegenüber Kunden" auszuweisen.[148] Der IDW empfiehlt die Bezeich-

---

[144] Vgl. Kümpel, T, (2005), S. 166
[145] Vgl. Hoffmann, W.-D., Lüdenbach, N., (2010/11), IAS 11.42, IAS 11.43, S. 102
[146] Vgl. Marx, F.M., Löffler, C., (200), Tz. 121, S.35
[147] Vgl. Kümpel, T., (2005), S. 166
[148] Vgl. Bieg, H., Hossfeld, C., Kußmaul, H., Waschbusch, G., Handbuch der Rechnungslegung nach IFRS, Düsseldorf 2009, S. 349; Hoffmann, W.-D., Lüdenbch, N., (2010/2011), IAS 11.42(b), S. 102

nung „Verpflichtungen aus Fertigungsaufträgen" zu übernehmen und sie in der Bilanz unter der Position „erhaltene Anzahlung" ausweisen. Abhängig davon, ob es sich um einen passivischen Posten auf überhängende Teilabrechnungen oder um kumulierte Verluste handelt, erfolgt ein Ausweis unter Verbindlichkeiten im ersten Fall und im zweiten Fall unter sonstigen Schulden oder den Rückstellungen Bei den überhängenden Teilabrechnungen handelt es sich um Aufträge mit Verpflichtungsüberhang. D.h., die bis zum Bilanzstichtag angefallenen Kosten und Auftragsgewinne werden abzüglich der ausgewiesenen kumulierten Verluste ermittelt. Ist das Ergebnis niedriger als der zuvor vertraglich festgelegte Preis, kommt es zu einem Auftrag mit Verpflichtungsüberhang.[149] Die auszuweisenden Posten in der Bilanz sind gemäß IAS 11.42 wie folgt zu ermitteln:

> Angefallene Auftragskosten
> + anteilig erfasster Gewinn
> ./. Summe der kumulierten Verluste
> ./. Teilabrechnungen

> = Vermögenswert (falls positiv) bzw. Schuld (falls negativ)

Abbildung 7: Ermittlung des aktivischen bzw. passivischen Saldos in der IFRS Bilanz
(Quelle: Kümpel, T. (2005), S. 165

Wenn ein Fertigungsunternehmen parallel an verschieden Fertigungsaufträgen arbeitet und es sich dadurch sowohl positive als auch negative Salden ergeben, so dürfen diese gemäß des Saldierungsverbotes des IAS 11.32 nicht zu einer Position zusammengefasst werden.[150] Alle Verträge, für die ein positiver Saldo ermittelt werden kann, müssen als Vermögensgegenstände in einem Posten dargestellt werden. Analog dazu müssen alle Verträge, die einen negativen Saldo ergeben, in einem Posten als Schuld bzw. Verbindlichkeit dargestellt werden. Aufgrund des Verrechnungsverbotes kommt es zu einen Ausweis von beiden Posten in der Bilanz, d.h., sowohl auf der aktiv und der passiv Seite der Bilanz.[151]

Uneinigkeit herrscht allerdings im Bezug auf die Behandlung von geleisteten Anzahlungen. Sollen diese, wie Teilabrechnungen, in dem zu ermittelnden Saldo des auszuweisenden Bilanzpostens mit einberechnet werden, obwohl sie lediglich einen Zahlungseingang darstellt, ohne dass eine Leistung dazu erbracht wurde? Im Gegensatz dazu stellen Teilab-

---

[149] Vgl. Kümpel, T., (2005), S.167
[150] Vgl. IDW, WP Handbuch, Düsseldorf 2006, Band I, Abschnitt N, Tz. 314, S. 1421
[151] Vgl. Heuser, P, Theile, C., Pawelzik, K., (2007), Tz. 1742, S. 288

rechnungen einen Betrag für vom Auftragnehmer geleistete Teilleistungen dar, die dieser bereits erbracht und in Rechnung gestellt hat. IAS 1.32 erlaubt allerdings eine Saldierung nur, wenn dies explizit durch einen Standard gefordert wird und da IAS 11 eine Saldierung nicht bestimmt, dürfen die erhaltenen Anzahlungen auch nicht mit dem positiven oder negativen Saldo aus den Fertigungsaufträgen saldiert werden. Diese sind vielmehr unter der Position „erhaltene Anzahlung" auf der passiv Seite der Bilanz unter kurzfristigen Schulden auszuweisen. Allerdings werden bereits in Rechnung gestellte Teilleistungen, die noch nicht durch Teilzahlungen/Anzahlungen bezahlt wurden, in der Bilanz unter „Forderungen aus Lieferung und Leistung" erfasst.[152] In der Praxis ergibt sich oft die Schwierigkeit, die Anzahlungen von den Teilabrechnungen abzugrenzen, denn der Auftraggeber leistet eine Anzahlung nicht unabhängig von einem gewissen Leistungsfortschritt und damit stellt die Zahlung nicht nur einen reinen Zahlungseingang dar. Gleichwohl verbietet aber IAS 11.43 f. eine Verrechnung der erhaltenen Anzahlungen mit dem Leistungs- bzw. Verpflichtungsüberhang aus der Auftragsfertigung. Dennoch weisen die meisten der deutschen IFRS- Bilanzierer, die IAS 11 auf ihren Jahresabschluss anwenden, die erhaltenen Anzahlungen von den auszuweisenden Posten für Fertigungsaufträge ab.[153] Nach der Meinung von Prof. Kümpel erscheint es vor dem Hintergrund der allgemeinen Definition eines Vermögenswertes oder einer Schuld gemäß F.49(a), sinnvoller, die erhaltenen Anzahlungen in den Saldo mit einzubeziehen, denn würden die Anzahlung nicht in die Saldierung mit einfließen, so würde die Position „Fertigungsaufträge" einen höheren Wert als den tatsächlichen Wert ausweisen. Ist der Fertigungsauftrag fertiggestellt und ist die Abnahme erfolgt, so ist bei einem positiven Saldo dieser in die Bilanzposition „Forderung aus Lieferung und Leistung", bei einem negativen Saldo in die Bilanzposition „Verbindlichkeiten" bzw. „Rückstellungen" umzubuchen.[154]

5.7.2 Ausweis in der G u V Rechnung

Die Auftragserlöse, die sich aus der Anwendung der Poc-Methode oder nach der Zero-Profit-Margin-Methode ergeben, sind in der Berichtsperiode unter der Position „Umsatzerlöse" auszuweisen. Damit der Jahresabschlussadressat erkennen kann, inwieweit noch nicht realisierte Auftragserlöse aus Fertigungsaufträge in den Umsatzerlösen enthalten

---

[152] Vgl. Lüdenbach, N., Hoffman, W.-D., (2010), § 18, Tz. 76, S. 842; Kümpel, T., (2005), S. 169
[153] Vgl. Kümpel, T., (2005), S. 169
[154] ebenda

sind, schreibt IAS 11.39 einen gesonderten Ausweis der Fertigungsaufträge vor. Danach hat der gesonderte Ausweis entweder in der G u V oder im Anhang zu erfolgen. In der Bilanzierungspraxis findet der Ausweis überwiegend im Anhang statt. Dabei werden die Posten regelmäßig als Auftragserlöse aus der Poc-Methode oder als Erlöse aus Auftragsfertigung deklariert. Wie bereits unter Kapitel 3.3.5.2 erwähnt, kann die Darstellung der Erlöse in der G u V nach dem Gesamtkostenverfahren oder nach dem Umsatzkostenverfahren erfolgen. Während im deutschen Handelsrecht das Gesamtkostenverfahren auf Grund des Realisationsprinzips bevorzugt wird, präferieren die Anwender von IFRS das Umsatzkostenverfahren, denn im Hinblick auf die Ertragsanalyse gibt das Umsatzkostenverfahren hilfreiche Kennzahlen wieder, mit denen das Bruttoergebnis vom Umsatz einfach zu bestimmen ist. Für den internationalen Vergleich von Unternehmen und dahingehend zur für Information für Investoren bzw. ausländische Geschäftspartner ist. das Umsatzkostenverfahren besser für die Vergleichbarkeit von Unternehmen geeignet.[155] Da in IAS 11 der Ausweis der Auftragserlöse und Auftragskosten nicht klar geregelt ist, erscheint es sinnvoll, gemäß IAS 8.12 auf die US-Amerikanische Vorschrift SOP 81-1 zurück zu greifen. Die Vorschrift des SOP 81-1 lässt dabei zwei verschiedene Methoden zu:

die revenue-cost-approach

die gross-profit-approach[156]

Bei der Anwendung der gross-profit-approach ergibt sich der Teilgewinn der Berichtsperiode aus Fertigstellungsgrad und den tatsächlich angefallenen Kosten, abzüglich der in den Vorperioden ausgewiesenen Teilgewinne. Allerdings entspricht nach herrschender Meinung diese Methode nicht IFRS und wird daher auch nicht weiter erläutert. Bei der revenue-cost-approach werden sowohl der anteilige Umsatz als auch die anteiligen Auftragskosten unter Zuhilfenahme des Fertigstellungsgrades bemessen. Der Teilgewinn bemisst sich als Differenz beider Größen. Im Hinblick auf IAS 11.22 scheint der revenue-cost-approach die einzige sinnvolle Methode zu sein, da hier die „Auftragserlöse und Auftragskosten in Verbindung mit diesem Fertigungsauftrag entsprechend dem Leistungsfortschritt am Bilanzstichtag jeweils als Erträge und Aufwendungen zu erfassen" sind.[157] Darüber hinaus werden die Auftragskosten, die Umsätze und die Entwicklung des Gewin-

---

[155] Vgl. Kümpel, T., (2005), S. 170
[156] ebenda, S. 174 ff.
[157] ebenda, S. 174

nes gleichmäßig dargestellt. Mit folgender Berechnungsformel lassen sich die Werte ermitteln:[158]

Umsatz der Berichtsperiode = FSG x Vertragspreis ./. Umsätze der Vorperioden

Kosten der Berichtsperiode = FSG x geschätzte Gesamtauftragskosten ./. Kosten d. Vorperiode

Teilgewinn der Berichtsperiode = Umsatz d. Berichtsperiode ./. Kosten d. Berichtsperiode

Wird die G u V nach dem Gesamtkostenverfahren erstellt und liegen die Auftragskosten unter den tatsächlichen Auftragskosten, die mittels des Fertigstellungsgrades errechnet wurden, so muss eine passive Rechnungsabgrenzung vorgenommen werden. Sind die tatsächlichen Kosten aber höher als die zuvor unter Zuhilfenahme des Fertigstellungsgrad errechneten Kosten, so ist eine Anpassung der in der G u V erfassten Kosten durch eine aktive Kostenabgrenzung vorzunehmen. Um die Auftragskosten zu korrigieren, muss die Gegenbuchung an das Konto „abgegrenzte Kosten auf unfertige Fertigungsaufträge" erfolgen. Ist die G u V aber nach dem Umsatzkostenverfahren aufgestellt worden, so kommt es nur in den Fällen zu einem passiven Korrekturposten, in denen die tatsächlichen Auftragskosten unter dem ermittelten Betrag liegen, der sich aus dem entsprechenden Grad der Fertigstellung ergeben hat und in der G u V stehen würde. Eine Anpassung im umgekehrten Fall ist nicht notwendig, da in der G u V nur die Auftragskosten entsprechend des Fertigstellungsgrad ausgewiesen werden.

Kann die Cost-to-cost-Methode zur Bestimmung des Fertigstellungsgrades nicht angewendet werden, so birgt diese Methode den Nachteil, dass die in der G u V dargestellten Auftragskosten nicht den tatsächlichen Kosten entsprechen. Vielmehr sind die Auftragskosten auf geschätzte Gesamtgrößen zurückzuführen, was eine regelmäßige Kostenabgrenzung zur Folge hat.[159]

Sollte aus einen Fertigungsauftrag ein Verlust entstehen, so ist dieser bei den Auftragskosten zu erfassen. Da ein Verlust eher den Charakter von Vertragskosten aufweist als eine Korrektur des Verkaufspreises zulässt, wäre eine Reduktion des Erlöses nicht als sinnvoll zu erachten. Erfolgt der Ausweis nach dem Umsatzkostenverfahren, so ist eine Erhöhung

---

[158] In Anlehnung an Kümpel, T., (2005), S 171
[159] Vgl. Buhleier, C., (1997), S. 148; Kümpel, T., (2005), S. 175

der Umsatzkosten auszuweisen, hingegen beim Gesamtkostenverfahren der Ausweis unter sonstigen betrieblichen Aufwendungen zu erfolgen hat.

5.7.3. Ausweis im Anhang

Um der Offenlegungspflicht für Fertigungsaufträge im Anhang nachzukommen, müssen gemäß IAS 11.39 zu allen Fertigungsaufträgen die nun nachfolgenden Angaben hinterlegt werden, sofern sie nicht schon in der Bilanz oder G u V erläutert worden sind:

- Es ist der Gesamtbetrag aller in den Berichtsperioden erfassten, Auftragserlöse anzugeben.
- Es ist die Methode anzugeben, nach der die Auftragserlöse in der Berichtsperiode ermittelt worden sind.
- Bei noch laufenden bzw. noch nicht fertig abgeschlossenen Fertigungsaufträgen ist die Methode zur Bestimmung des Fertigstellungsgrad anzugeben.[160]

Setzen sich die Gesamtauftragserlöse aus Erlösen zusammen, die sich aus der Anwendung der Poc-Methode und der Zero-Profit-Margin ergeben (aus verschiedenen Aufträgen), so empfiehlt es sich aus Informationsgründen eine prozentuale Aufteilung der Auftragserlöse in Abhängigkeit des jeweiligen Verfahrens im Anhang zu erläutern. Darüber hinaus soll bei Anwendung verschiedener Verfahren zur Bestimmung des Fertigstellungsgrades bei verschiedenen Fertigungsaufträgen, dies auch gesondert im Anhang dargestellt werden. Dabei scheint es sinnvoll, eine Aufteilung der Auftragserlöse in Abhängigkeit von der angewendeten Methode vorzunehmen.

Aufgrund der Offenlegungspflicht im Anhang ist das Unternehmen verpflichtet, über alle noch nicht abgeschlossenen Fertigungsaufträge am Bilanzstichtag, gemäß IAS 11.40, Bericht zu erstatten. Dabei müssen folgende Angaben offengelegt werden:

- Die Summe der ausgewiesenen Gewinne sowie die kumulierten Kosten abzüglich eventueller Verluste.
- Die Summe der erhaltenen Anzahlungen von Kunden.

---

[160] Vgl. Kümpel, T., (2005), S. 176; Baetge, J., Kirsch, H.-J., Thiele, S., (2007), Kapitel XII, Tz. 1242, S. 691; IDW, (2006), Abschnitt N, Tz. 315, S. 1422; Bieg, H., Hossfeld, C., Kußmaul, H., Waschbusch, G., (2009), S. 350; Achleitner, A.-K., Behr, (2003), S. 184

- Die Summe der Garantieeinbehalte, die dem Kunden bereits in Rechnung gestellt worden sind und erst fällig werden, wenn bestimmte zuvor festgelegte Bedingungen erfüllt sind oder bei erbrachter Fehlerbehebung bezahlt werden.[161]

Wurden in der Bilanz nicht bereits die Angaben zu den Fertigungsaufträgen bezüglich einem aktivischen Saldo als Vermögenswert bzw. bei einem passivischen Saldo als Schuld hinterlegt, so fordert IAS 11.42, dass diese Angaben dann im Anhang zu erfolgen haben. Zudem bestehen gemäß IAS 11.45 weitere zu erfüllende Angabepflichten über ungewisse Ansprüche und ungewisse Verpflichtungen, die im Zusammenhang mit Nachforderungen, Vertragsstrafen, Gewährleistungen oder möglichen Verlusten stehen. Entsprechend IAS 37 sind diese Angaben in den Eventualschulden oder Eventualverbindlichkeiten zu berücksichtigen, da der Eintritt erst noch von einem oder mehreren Ereignissen in der Zukunft abhängt.[162] Darüber hinaus sind gemäß IAS 8.39 bei Änderung der Schätzdaten die Art der Änderungen sowie die Beträge, die sich aus der Schätzungsänderung ergeben, zu erläutern.

Sind Fremdkaitalkosten in den Herstellungsprozess mit einbezogen worden, so sind diese ebenfalls im Anhang nach IAS 23.29 anzugeben. Dabei ist der Finanzierungskostenansatz sowie die in Periode aktivierten Fremdkapitalkosten darzulegen.[163] Kommt es darüber hinaus zu wertbeeinflussenden Tatsachen zu Fertigaufträgen am Bilanzstichtag und sind diese von erheblicher Bedeutung, sodass eine „nicht Berücksichtigung" der Information die Beurteilung des Abschlusses erheblichen beeinträchtigen würde, so muss gemäß IAS 10.22 eine Erläuterung im Anhang stattfinden.

Im Vergleich zum Handelsrecht sind die Regelungen zum Anhang in IFRS wesentlich detaillierter gestaltet. Sie ermöglichen eine bessere Analyse von Unternehmen für externe Analysten und tragen damit erheblich zum Informationsnutzen des Jahresabschlusses bei. Gleichwohl hat aber eine Durchsicht der Geschäftsberichte der deutschen IFRS-Bilanzierer ergeben, dass den Angabepflichten der § 11.39 – 11.45 nur unzureichend nachgekommen wird. Zu kritisieren ist, dass Unternehmen die Erlöse aus den Fertigungsaufträgen weder in der G u V noch im Anhang gesondert ausweisen und sie so in einem Posten als Umsatzerlöse verschiedener Risikoklassen zusammengefasst werden. Darüber hinaus wird auch

---

[161] Vgl. Hoffmann, W.-D., Lüdenbach, N., IAS/IFRS, (2010/2011), IAS 11.40; Kümpel, T., (2005), S. 176
[162] Vgl. Kümpel, T., (2005), S. 177
[163] Vgl. Achleitner, A.-K., Behr, (2003), S. 184

nicht über vereinnahmte Teilgewinne oder über die kumulierten Auftragskosten berichtet.[164]

---

[164] Vgl. Kümpel, T., (2005), S. 178

6. Fallstudie zur der Bilanzierung langfristiger Fertigungsaufträge nach Handelsrecht, Steuerrecht und IFRS)

6.1 Sachverhalt zur Fallstudie

In dieser Fallstudie betrachten wir die Gebirgsbau GmbH, die mit dem Bau eines Tunnels beauftragt ist. Hierbei handelt es sich um einen Fertigungsauftrag, dessen Fertigungsdauer mit drei veranschlagt ist.(Baubeginn im Jahr 2009 – Abnahme im Jahr 2011). Es wurde als Verkaufspreis ein Festpreis in Höhe von 6.000.000 [165] vereinbart. In den Jahren 2009 und 2010 werden jeweils 30 % und im Jahr 2011 40% vereinnahmt. Die zurechenbaren Gesamtkosten werden auf 5.200.000 geschätzt und fallen wahrscheinlich zu 50% in 2009, zu 30% in 2010 sowie zu 20 % in 2011 an.

Es liegen folgende Auftragsdaten vor:

	2009	2010	2011
Auftragserlöse	6.000.000	6.000.000	6.000.000
Auftragskosten der Periode	2.600.000	1.560.000	1.040.000
Kumulierte Auftragskosten	2.600.000	4.160.000	5.200.000
In Rechnung gestellte Beträge	1.800.000	1.800.000	2.400.000

Die zurechenbaren Auftragskosten des Fertigungsauftrages setzen sich wie folgt zusammen:

	2009	2010	2011
Fertigungseinzelkosten	500.000	240.000	140.000
+ Materialgemeinkosten	1.400.000	1.000.000	600.000
= Summe der FEK+MGK	1.900.000	1.240.000	740.000
+ sonstige Kosten	700.000	320.000	300.000
= Gesamtkosten der Periode	2.600.000	1.560.000	1.040.000

---

[165] Im Rahmen dieser Fallstudie ist auf die Angabe einer Währung verzichtet worden. Alle Angaben sind daher in Geldeinheiten zu verstehen.

Zu den aktivierungsfähigen Einzel- und Gemeinkosten zählen auch die sonstigen Kosten. Hierzu gehören in diesem Fall auch Sondereinzelkosten des Vertriebes. Normalerweise sind sie nicht aktivierungsfähig, aber im Fall der langfristigen Auftragsfertigung dürfen sie, wenn sie direkt zurechenbar und ermittelbar sind, hinzugerechnet werden.[166]

6.2 Lösung des Sachverhalts nach Handelsrecht

6.2.1 Lösung nach der Completed-Contract-Methode

Erweiterte Angaben:

- Es werden die aktivierungsfähigen FEK und MGK sowie die sonstigen Kosten aktiviert. Alle übrigen Aufwendungen, die in der Periode entstehen, werden sofort erfolgswirksam als Aufwand erfasst. Das Wahlrecht, die Vertriebskosten als Sondereinzelkosten der Fertigung umzuqualifizieren, wurde in Anspruch genommen.
- Die G u V wird nach dem GKV dargestellt.

	2009	2010	2011
Aktivierbare Kosten	2.600.000	1.560.000	1.040.000
Erhaltene Anzahlungen	1.800.000	1.800.000	2.400.000
Ausweis in der Bilanz			
Unfertige Arbeiten	2.600.000	4.160.000	0[167]
Forderungen	0	0	6.000.000[168]
Erhaltene Anzahlungen	1.800.000	3.600.000	3.600.000[169]
Ausweis in der G u V			
Umsatzerlöse	0	0	6.000.000
+Bestandserhöhung	2.600.000	1.560.000	0
./. Aufwand	2.600.000	1.560.000	300.000
./. Bestandsminderung	0	0	4.900.000
= Ergebnis	0	0	800.000

Durch die Anwendung der CC-Methode entstehen in den Jahren 2009 und 2010 keine sogenannte Auftragszwischenverluste, da hier die sonstigen Kosten mit in die zu akti-

---

[166] Vgl. Punkt 5.4.4.3
[167] Buchungssatz: Bestandsminderung an Unfertige Erzeugnisse
[168] Buchungssatz: Forderung aus L u L an Erlöse
[169] Dieser Wert bleibt, bis die letzte noch offene Rate i .H .v. 2.400.000 ausgeglichen wird, bestehen

vierenden Kosten einberechnet worden sind. Im Jahr 2011 kommt es zu einem geballten Gewinnausweis. Anders ist die Lösung für Steuerecht.[170]

6.2.2 Lösung der Teilgewinnrealisierung auf Basis echter Teilabnahmen

Erweiterte Angaben:

- Der Fertigungsauftrag kann in 3 voneinander unabhängige Teilabschnitte aufgeteilt werden. Am Ende einer jeden Periode kann ein Teilabschnitt abgenommen werden und es wird eine Vergütung für anfallende Kosten in Höhe von 15.3% bezahlt.
- Alle Voraussetzungen zur Anwendung der Teilgewinnrealisierung auf Basis echter Teilabnahmen sind erfüllt.[171]
- Es werden nur die aktivierungspflichtigen FEK und MGK während der Herstellungsphase aktiviert
- Die G u V wird nach dem in Deutschland gängigen GKV dargestellt

Es ergibt sich folgende Darstellung nach Handelsrecht:

	2009	2010	2011
Aktivierbare Kosten	1.900.000	1.240.000	740.000
Nicht aktivierte Kosten	700.000	320.000	300.000
Erhaltene Anzahlungen	2.997.800	1.798.680	1.199.120
Ausweis in der Bilanz			
Unfertige Erzeugnisse	0[172]	0	0
Forderungen	0[173]	0	0
Ausweis in der G u V			
Umsatzerlöse	2.997.800	1.798.680	1.199.120
+ Bestandserhöhungen	0	0	0
./. Aufwand	700.000	320.000	300.000
./. Bestandsminderung	1.900.000	1.240.000	740.000
= Ergebnis	397.800	238.680	159.120

---

[170] Vgl. Beispiel 3
[171] Vgl. Punkt 3.3.3
[172] Buchungssatz: Bestandsminderung an Unfertige Erzeugnisse (1.900.000)
[173] Wenn es zur Abnahme der Teillieferung kommt, wird durch den Buchungssatz: Forderung aus L. u L. an Umsatzerlöse der Gewinn aus der Teilabrechnung realisiert. Da in derselben Periode der Zahlungseingang in Höhe von 2.997.800 fließt, werden die Forderungen ausgeglichen.

6.3 Lösung des Sachverhalts nach Steuerecht

6.3.1 Lösung nach der Completed-Contract-Methode

Erweitere Angaben:

- Es werden die aktivierungspflichtigen Fertigungseinzelkosten und Materialgemeinkosten aktiviert. Die sonstigen Kosten, bei denen im H.R. ein Wahlrecht bestand, dürfen steuerrechtlich nicht angesetzt werden.[174] Alle übrigen Aufwendungen, die in der Periode entstehen, werden sofort erfolgswirksam als Aufwand erfasst

Die G u V wird nach dem GKV dargestellt

	2009	2010	2011
Aktivierte kosten	1.900.000	1.240.000	740.000
Nicht aktivierte Kosten	700.000	320.000	300.000
Erhaltene Anzahlung	1.800.000	1.800.000	2.400.00
Ausweis in Bilanz			
Unfertige Erzeugnisse	1.900.000	3.140.000	0[175]
Forderungen	0	0	6.000.000[176]
Erhaltene Anzahlungen	1.800.000	3.600.000	3.600.000[177]
Ausweis in der G u V			
Umsatzerlöse	0	0	6.000.000
+ Bestandserhöhung	1.900.000	1.240.0000	0
./. Aufwand	2.600.000	1.560.000	300.000
./. Bestandsminderungen			3.880.000
= Ergebnis	-700.000	-320.000	1.820.000

Durch die Anwendung der CC-Methode entstehen in den Jahren 2009 und 2010 sogenannte Auftragszwischenverluste in Höhe von 700.000 bzw. 320.000, obwohl die langfristige

---

[174] Vgl. Schmidt, L. (2007), § 6, Tz. 186, S. 524
[175] Buchungssatz: Bestandsminderung an Unfertige Erzeugnisse (3.880.000)
[176] Buchungssatz: Forderung aus L. u L. an Umsatzerlöse (6.000.000)
[177] Bleibt bis zum Ausgleich der Restrate von 2.400.000 bilanziell bestehen

Auftragsfertigung einen Gewinn von 800.000 ausweist. Die Auftragszwischenverluste entstehen in Höhe der nicht aktivierungsfähigen Kosten. Dagegen kommt es im Jahr 2011 zu einem massiven Gewinnsprung, der dadurch entsteht, dass die Auftragszwischenverluste aus 2009 und 2010 mit dem Gewinn aus der Fertigung kompensiert werden[178].

6.4 Lösung des Sachverhalts nach IFRS

6.4.1 Lösung nach der Percentage-of-Completion-Methode

Weitere Angaben:

- Es ist davon auszugehen, dass die Auftragskosten, die Auftragserlöse und der Fertigstellungsgrad verlässlich geschätzt werden kann. Daher ist gemäß IAS 11.22 die Teilgewinnrealisierung entsprechend dem Leistungsfortschritt anzuwenden.
- Es wird die Cost-to-cost-Methode zur Messung des Leistungsfortschrittes angewandt.

Es ergeben sich folgende Ergebnisse:

	2009	2010	2011
Auftragskosten der Periode	2.600.000	1.560.000	1.040.000
kumulierte Auftragskosten	2.600.000	4.160.000	5.200.000
Auftragsgesamtkosten	5.200.000	5.200.000	5.200.000
Fertigstellungsgrad[179]	50%	80%	100%
Auftragserlöse	6.000.000	6.000.000	6.000.000
Umsatz der Berichtsperiode[180]	3.000.000	1.800.000	1.200.000
Kosten der Berichtsperiode[181]	2.600.000	1.560.000	1.040.000
Teilgewinn der Berichtsperiode[182]	400.000	240.000	160.000

---

[178] = 700.000 + 320.000 + 800.000
[179] = kumulierte Auftragskosten ./. Auftragsgesamtkosten
[180] = FSG x Verkaufspreis ./. Umsätze der Vorperioden
[181] = FSG x Auftragsgesamtkosten ./. Kosten der Vorperioden

Im Jahresabschluss nach IFRS sind dann für den Fertigungsauftrag folgende Daten auszuweisen:

	2009	2010	2011
Ausweis in der Bilanz:[183]			
Aktivierungsfähige ange-fallene Kosten	**2.600.000**	**2.760.000**[184]	**2.240.000**
+ anteilig erfasster Gewinn	**400.000**	**240.000**	**160.000**
./. Teilabrechnungen[185]	**1.800.000**	**1.800.000**	**2.400.000**
= Fertigungsaufträge in Bearbeitung	**1.200.000**	**1.200.000**	**0**
Ausweis in der G u V:[186]			
Umsatzerlöse der Be-richtsperiode	**3.000.000**	**1.800.000**	**1.200.000**
./. Aufwand der Berichts-periode	**2.600.000**	**1.560.000**	**1.040.000**
= Teilgewinn der Berichts-periode	**400.000**	**240.000**	**160.000**
Ausweis im Anhang:[187]			
Angefallene Kosten + ausgewiesene Gewinne[188]	**3.000.000**	**4.800.000**[189]	**6.000.000**
erhaltene Anzahlungen[190]	**1.800.000**	**3.600.000**	**6.000.000**

---

[182] = Umsatz der Berichtsperiode ./. Kosten der Berichtsperiode

[183] Vgl. Punkt 3.3.6

[184] Ansatz der Vorperiode (Fertigungsaufträge in Bearbeitung) zuzüglich aktivierungsfähigen angefallene Kosten der lfd. Periode, (1.200.000 + 1.560.000 bzw. 1.200.00+1.040.000).

[185] Die erhaltenen Anzahlungen werden bei aktivischen bzw. passivischen Saldo mit einberechnet. Es wird der gängigen Bilanzierungspraxis gefolgt. Vgl. Punkt 5.7.1

[186] Vgl. Punkt 5.7.2

[187] Vgl. Punkt 5.7.3

[188] Vgl. IAS 11.40 a

[189] Umsatz Berichtsperiode zuzügl. Kosten der Periode zuzügl. ausgewiesener Gewinn der laufenden Periode, (3.000.000+1.560.000+240.000)

6.4.2 Lösung nach der Zero-Profit-Margin-Methode mit Wechsel zur Percentage-of-Completion-Methode

Erweiterte Annahmen:

- Da der Aufragnehmer den Fertigungsauftrag zum erstmalig fertig, kann die Poc-Methode noch nicht angewendet werden, da die Schätzungen zu den Auftragserlöse, den Auftragskosten und dem Fertigstellungsgrad nicht möglich ist. Daher ist zwingend die Anwendung der ZPM-Methode vorgeschrieben.
- Ab der Berichtsperiode 2009 kann eine zuverlässige Schätzung der Auftragsergebnisse vorgenommen werden. Daher ist der Wechsel von der ZPM-Methode zur Poc-Methode vorzunehmen.[191] Mit Hilfe der C2C-Methode soll der Fertigstellungsgrad ermittelt werden.

Hierbei ergeben sich folgende Ergebnisse:

	2009	2010	2011
Auftragskosten der Periode	**2.600.000**	**1.560.000**	**1.040.000**
kumulierte Auftragskosten	**2.600.000**	**4.160.000**	**5.200.000**
Auftragsgesamtkosten	**5.200.000**	**5.200.000**	**5.200.000**
Fertigstellungsgrad	**50%**	**80%**	**100%**
Auftragserlöse	**6.000.000**	**6.000.000**	**6.000.000**
Umsatz der Berichtsperiode	**2.600.000[192]**	**2.200.000[193]**	**1.200.000**
Kosten der Berichtsperiode	**2.600.000**	**1.560.000**	**1.040.000**
Teilgewinn der Berichtsperiode	**0**	**640.000[194]**	**160.000**

---

[190] Vgl. IAS 11.40 b
[191] Vgl. IAS 11.35
[192] Gemäß IAS 11.32 a sind bei der ZPM-Methode die Erlöse nur in Höhe der Auftragskosten zu erfassen
[193] Wechsel zur Poc-Methode: FSG x Auftragserlöse ./. Umsatz aus der Vorperiode, (80% v. 6.000.000 ./. 2.600.000)
[194] = 400.000 + 240.000

Im Jahresabschluss nach IFRS sind dann für den Fertigungsauftrag folgende Daten auszuweisen:

	2009	2010	2011
Ausweis in der Bilanz:			
Aktivierungsfähige angefallene Kosten	2.600.000	2.360.000	2.340.000
+ anteiliger erfasster Gewinn	0	640.000	160.000
./. Teilabrechnungen	1.800.000	1.800.000	2.400.000
= Fertigungsaufträge in Bearbeitung	800.000	1.200.000	0
Ausweis in der G u V:			
Umsatzerlöse der Berichtsperiode	2.600.000	2.200.000	1.200.000
- Aufwand der Berichtsperiode	2.600.000	1.560.000	1.040.000
= Teilgewinn der Berichtsperiode	0	640.000	160.000
Ausweis im Anhang:			
Angefallene Kosten + ausgewiesene Gewinne	2.600.000	4.800.000	6.000.000
erhaltene Anzahlungen	1.800.000	1.800.000	6.000.000

Gemäß der ZPM-Methode werden Umsatzerlöse in Höhe der Auftragskosten ausgewiesen (hier 2.600.000 im Jahr 2009). Im Jahr 2010 muss dann zur Poc-Methode gewechselt werden, da die Bedingungen von IAS 11.23 nun vollständig erfüllt werden. Der zuvor nicht erfasste Ertrag wird kumulativ nachgeholt (hier 400.000 für 2009 + 240.000 für 2010)

6.5 Gegenüberstellung der Completed-Contract-Methode und der Percentage–of–Coopmletion-Methode

Abschließend zu der Fallstudie werden die Ergebnisse der CC-Methode mit den Ergebnissen der Poc-Methode vergleichend dargestellt.

	HGB	StR	IFRS	Delta
Ergebnis 2009	0	-700.000	400.000	1.100.00
Ergebnis 2010	0	-320.000	240.000	560.000
Ergebnis 2011	800.000	1.820.000	160.000	-1.660.000
Gesamtergebnis	800.000	800.000	800.000	0

Das Ergebnis ist wenig überraschend. Während bei der Anwendung der CC-Methode es in den ersten beiden Jahren zu keinem Ergebnis kommt, wird im Jahr der Abnahme der gesamte geballte Gewinn ausgewiesen. Nur dadurch das die sonstigen Kosten mit aktiviert worden sind und so vom Wahlrecht der umqualifizierten Vertriebskosten Gebrauch gemacht wurde, entstehen keine Auftragszwischenverluste, wie sie nach Steuerrecht entstehen. Daraus folgt, dass wenn die sonstigen Kosten nicht mit aktiviert werden es nach H.R. ebenfalls zu Auftragszwischenverlusten kommen würde. Da steuerlich eine Umqualifizierung der Vertriebskosten gemäß dem Kommentar zur Einkommensteuer von L. Schmidt (2007) jedoch als nicht zulässig erachtet wird, entstehen die Auftragszwischenverluste in jeder Periode, in Höhe der nicht aktivierbaren Kosten. Im Jahr der Abnahme dagegen kommt es zu einem massiven Gewinnsprung, der daraus resultiert das die Verluste aus 2009 und 2010 mit dem Gewinn aus 2011 kompensiert wird.

Anders verhält sich das Ergebnis nach IFRS. Hier werden in jeder Periode, Gewinne entsprechend dem Leistungsfortschritt ermittelt und ausgewiesen Dieses entspricht einem kontinuierlichen Gewinnausweis über alle Perioden. Im Gesamtergebnis kommt es bei der Bilanzierung der langfristigen Auftragsfertigung, trotz der verschiedenen Methoden zu einen gleichen Gesamtergebnis.

7.   Resümee und Ausblick

Das Ziel dieser Diplomarbeit war die Gegenüberstellung der langfristigen Auftragsferti-
gung nach Handelsrecht, Steuerrecht und IFRS sowie die Aufzeigung ihrer Unterschiede.
Zu diesem Zweck wurden die Merkmale der langfristigen Auftragsfertigung erläutert.
Darauf aufbauend folgten die jeweiligen Zielsetzungen der Jahresabschlüsse sowie die
Bilanzansätze der Fertigungsaufträge und die Methoden der jeweiligen Gewinnrealisie-
rungsarten. Darüber hinaus folgten Ansatz-, Bewertungs- und Ausweisvorschriften zu den
Fertigungsaufträgen.

Dabei wurde aufgezeigt, dass es zwischen den handelsrechtlichen und steuerrechtlichen
Vorschriften fast gar keine Unterschiede gibt. Mit Einführung des BilMog wurden viele
steuerrechtlich bestehende Bewertungsgrundsätze ins Handelsrecht übernommen. Am
Beispiel der Herstellungskosten gemäß § 255 Abs. 2 S. 2 – 4 HGB und dem § 6 Abs. 1 Nr.
2 EStG wird dieses deutlich. Allerdings gibt es in einem Punkt Unterschiede, nämlich die
Berücksichtigung von Sondereinzelkosten der Fertigung (umqualifizierte Vertriebskosten).
Während im Einkommensteuer-Kommentar von Ludwig Schmidt (2007)[195] ausdrücklich
darauf hingewiesen wird, dass diese Vertriebskosten nicht zu den Herstellungskosten
gehören, vertreten Lademann und Meuer im Einkommensteuer-Kommentar 2010[196] die
Auffassung, dass diese Vertriebskosten nicht von den Herstellungskosten abzugrenzen
sind. Schmid hingegen geht in dem Kommentar von 2010 und 2011 auf dieses Thema
nicht mehr ein.[197] Ich schließe mich hier der Meinung von Lademann und Meuer an, da
wenn die Sondereinzelkosten des Vertriebes einem Fertigungsauftrag direkt und unmittelbar zuzurechnen sind, diese aktiviert werden sollten, um die sogenannten Auftragszwischenverluste zu vermeiden und damit eine verbesserte Darstellung in der Bilanz und G
u V darzulegen. Handelsrechtlich ist es zu begrüßen, dass dem Unternehmer hier ein
Wahlrecht eingeräumt wird, ob er die Vertriebskosten zu Sondereinzelkosten der Fertigung
umqualifiziert. Es ist weiterhin festzustellen, dass einige steuerliche Bewertungsprinzipien
mit IAS/ IFRS übereinstimmen. Vor dem Hintergrund der Harmonisierung der Rechnungslegung hat die BilMog-Reform hier erheblich dazu beigetragen.

Allerdings lässt sich auch feststellen, dass die Bilanzierung der langfristigen Auftragsfertigung nach IFRS wesentlich deutlicher geregelt ist, als die Bilanzierung nach HGB und

---

[195] Vgl. Schmidt, L. (2007), § 6, Tz. 186, S. 524
[196] Vgl. Lademann, Meuer, Einkommensteuer Kommentar Herne 2010, § 6, Tz. 312
[197] Vgl. Schmidt, L., Einkommensteuer Kommentar 2011, § 6, Tz. 203, S. 525

Steuerrecht. Im Fall der letzten beiden genannten Bewertungsprinzipien, kann die langfristige Auftragsfertigung nur über das Realisationsprinzip des § 252 Abs. 1 Nr. 4 HGB gelöst werden. Das führt aber dazu, dass Gewinne erst bei Projektabnahme realisiert und ausgewiesen werden, obwohl alle Perioden der Auftragsdurchführung an der Ergebnisentstehung beteiligt waren. Die Anwendung der CC-Methode führt dadurch zu sprunghaften Ausweisungen in der Bilanz und führt damit zu einer verzerrten Darstellung der Finanz-, Vermögens- und Ertragslage des Unternehmens, was nicht wünschenswert ist.

Daher ist die handelsrechtlich als auch die steuerrechtlich zugelassene Methode der Teilgewinnrealisierung auf Basis echter Teilabnahmen, im Hinblick auf eine verbesserte, aussagekräftigere Darstellung der Finanz-, Vermögens- und Ertragslage, zu bevorzugen. Allerdings auch nur unter der Voraussetzung, dass eine Teilabnahme bei dem Fertigungsauftrag überhaupt möglich ist, bei dem zuvor angeführten Beispiel der Schwefelanlage ist eine Teilabnahme nicht möglich.

Da der Jahresabschluss nach Handelsrecht die Bemessungsgrundlage zur Ermittlung der Ausschüttung darstellt und damit einhergehend Kapitalabfluss zustande kommt, sollte m.E. an einer vorsichtigeren Bewertungsmethode wie der CC-Methode oder Teilgewinnrealisierung auf Basis echter Teilabnahmen festgehalten werden. Dieses gilt analog für die Ermittlung der Steuerbilanz. Eine Ausschüttung zu leisten oder Steuerschulden zahlen zu müssen, ohne zuvor Erlöse vereinnahmt zu haben, birgt für das Unternehmen ein erhebliches Liquiditätsproblem.

Obwohl das Realisationsprinzip auch in IAS/IFRS verankert ist, kommt es durch die Anwendung der Poc-Methode bei der langfristigen Auftragsfertigung doch zu einem anderen Ergebnis. Zum einen wird ein kontinuierlicher Leistungsfortschritt und damit einhergehend auch die Realisation von Gewinnen unterstellt, darüber hinaus ist die Poc-Methode bei Vorliegen der Anwendungsvoraussetzungen gemäß IAS 11.22 zwingend anzuwenden. Der Unterschied zwischen IAS/IFRS und H.R. und StR liegt eindeutig in der Zielsetzung des Jahresabschlusses. Der Abschluss nach IFRS hat nur die Informationsaufgabe für eine Vielzahl von Jahresabschlussadressaten, und der Informationspflicht wird der Abschluss unter Anwendung der Poc-Methode am aussagekräftigsten. Selbst wenn nur die ZPM-Methode zur Anwendung kommt, weißt sie im Gegensatz zur CC-Methode zumindest Erlöse in Höhe der angefallenen Aufwendungen aus. Es kommt zu keinen sprunghaften Gewinnausweisen, wie im H.R. oder im StR.. Damit wird der Pflicht einer verbesserten und aussagefähigen Darstellung der Finanz-, Vermögens- und Ertragslage absolut Folge geleistet. Da der IFRS Jahresabschluss nicht Bestandteil der Ausschüttungsbemessung oder Grundlage zur Berechnung der Steuer ist, ist die Anwendung der Poc-Methode zu begrüßen. Letztendlich dauert die Leistungserstellung eines Fertigungsauftrages mehrere Perioden an und damit wird nicht erst im Jahr der Abnahme eine Leistungserstellung vollbracht und bezahlt, sondern es entsteht so auch kontinuierlich ein Gewinn in den Perioden. Zu kritisieren ist allerdings, dass es in der Praxis eine Vielzahl von Schwierigkeiten gibt, was die Schätzungen der Auftragserlös, der Auftragskosten und des Fertigstellungsgrades anbelangen. Ein absolut genaues Projektcontrolling ist die unbedingte Voraussetzung, ebenso muss kurzfristig auf Änderungen reagiert werden können, um Abweichungen bzw. Schätzungsänderungen zu berücksichtigen. Wenn es also rein um die Informationen über die Finanz-, Vermögen und Ertragslage eines Unternehmens geht, so ist der Abschluss nach IAS/IFRS am besten geeignet.

Eine Diskussion, wie es das IASB gemeinsam mit dem FASB über das Projekt „Revenue Recognition" (beim alleinigen Bestehen eines Fertigungsauftrages, soll es zu einer Ertragsvereinnahmung kommen) geführt hat, kann m.E. nicht zugestimmt werden. Es würde hier zu einer „systematischen Vorverlagerung von Auftragserlösen aus Fertigungsaufträgen" kommen.[198] Folglich würden dann bereits „Schwebende Geschäfte" bilanziert werden. Der zur vereinnahme Ertrag stellt dann lediglich ein Einzahlungshoffnung dar und das kann nicht im Interesse der Jahresabschlussadressaten sein. Deshalb ist es zu begrüßen, wenn im Rahmen der langfristigen Auftragsfertigung bei IFRS an der Poc-Methode festgehalten wird.

---

[198] Vgl. Kümpel, T., (2005), S. 158

Literaturverzeichnis

Achtleitner, A.-K., Behr, G.(2003): International Accounting Standard, München

Adler, H., Düring, W., Schmaltz, K., (1995): Rechnungslegung und Prüfung der Unternehmen, Kommentar nach HGB,6. Auflage, Stuttgart

Ballwieser, W., Beine, F., Hayn, S., Peemöller, V.H., Schruff, L., Weber, C.-P.,(2011): Handbuch International Financial Reporting Standards 2011, Freiburg 2011

Beatge, J., Kirsch, H.-J., Thiele, S., (2011): Bilanzen, Düsseldorf

Beck'scher Bilanzkommentar, (2012): Handelsbilanz, Steuerbilanz, München

Bieg, H., Hossfeld, C., Kußmaul, H., Waschbusch, G.,(2009): Handbuch der Rechnungslegung nach I   IFRS, Düsseldorf

Buchholz, R., (2009): Internationale Rechnungslegung, 8. Auflage, Berlin

Buhleier, C., (1997): Harmonisierung der Rechnungslegung bei langfristiger Auftragsfertigung, Wien

Coenenberg, A.G., Haller, A., Schulte, W., (2009): Jahresabschluss und Jahresabschlussanalyse, 21. A, Auflage, Stuttgart

Döll, B. (1984): Bilanzierung langfristiger Fertigung; eine theoretische und empirische Untersuchung aktienrechtlicher Rechnungslegung, Frankfurt am Main

Ernst, C., Naumann, K.-P., (2009): Das neue Bilanzrecht, IDW, Düsseldorf

Federmann, R., (2010): Bilanzierung nach Handelsrecht, Steuerrecht und IAS/IFRS, Berlin

Füllbier, R.U., Kuschel,P., Maier, F., (2010): BilMog, Internationalisierung des HGB und Auswirkungen auf das Controlling, Advanced Controlling Band 72, Weinheim

Gabler, (2000): Wirtschaftslexikon, 15. Auflage, Band P-SL, S. 2737, Wiesbaden

Hayn, R., (2003): Internationale Rechnungslegung, Stuttgart

Heuser, P., Theile, C., Pawelzik, K.U., (2007): IFRS Handbuch, 3. Auflage, Köln

IDW, (2006): WP Handbuch, Band I, Düsseldorf

Kohl, St.(1994): Gewinnrealisierung bei langfristigen Aufträgen, Düsseldorf

KPMG, (2007): International Accounting Standards, 4. Auflage, Stuttgart

Kroppholler, v.-J., (2004): Studienkommentar BGB, 7. Auflage, München

Kümpel, T., (2005): Vorratsbewertung und Auftragsfertigung nach IFRS, München

Lüdenbach, N ,Hoffmann, W.-D., (2010): IFRS Kommentar, Freiburg

Mansch, H., (2002): Langfristige Auftragsfertigung, in: Handwörterbuch der Rechnungslegung und Prüfung, 3., Stuttgart

Marx, F.M., Löffler, C, (2000): Beck´sches Handbuch der Rechnungslegung, München

Mellerowicz, K., (1980): Kosten und Leistungsrechnung, 5. Auflage, Berlin

Meyer, J., (2003): Wirtschaftsprivatrecht, Berlin

Möckelmann, K (1970): Kalkulation und Preisbildung bei langfristiger Fertigung, Berlin

Pellens, B., Füllbier, R.U., Gassen, J., Selhorn, T., (2008): Internationale Rechnungslegung, Stuttgart

Pilhofer, J., (2002): Umsatz- und Gewinnrealisierung im internationalen Vergleich, Herne

Schindler, J., (1984): Die Probleme bei langfristiger Auftragsfertigung nach derzeitigen und zukünftigen Handelsrecht, Der Betriebsberater, 39. Jg. (1984)

Schmid, P., Walter, W., (1994): Teilgewinnrealisierung bei langfristiger Auftragsfertigung in Handels- und Steuerbilanz, Der Betrieb, 47.Jg., S.2353-2359

Schmidt, L., (2007, 2011): Einkommensteuergesetz Kommentar, München

Selchert, F., Lorchheim, U., (1998): Teilgewinnrealisierung bei Auftragsfertigung, Oldenburg

Sicherer, v. C., (2011): Bilanzierung im Handelsrecht und Steuerrecht, Wiesbaden

Verwendete Rechtsquellen aus dem Internet

NWB Datenbank

http://www6.nwb-

daten-

bank.de/nwb9/main.aspx?paid=False&srch=%7cb%7c0&vz=0&pr_id=B_DMSID233001

&aktion=Startseite

Verwendete Rechtsquellen

BGB, 65. Auflage, 2010, Beck-Texte im dtv

EStG, 25. Auflage, 2011, Beck-Texte im dtv

Wichtige Wirtschaftsgesetze 2010, NWB Textausgabe

IAS/IFRS 2010/2011, NWB Textausgabe

www.ingramcontent.com/pod-product-compliance
Lightning Source LLC
Chambersburg PA
CBHW050927030726
47586CB00005B/1569